Weiber in der Bütt

Weiber in der Bütt

Vorträge zum Karneval

herausgegeben von
Doris Kunschmann

Im FALKEN Verlag sind eine Reihe von Titeln zum Thema Karneval erschienen. Sie sind überall erhältlich, wo es Bücher gibt.

Sie finden uns im Internet: **www.falken.de**

Dieses Buch wurde auf chlorfrei gebleichtem und säurefreiem Papier gedruckt.

Der Text dieses Buches entspricht den Regeln der neuen deutschen Rechtschreibung.

ISBN 3 635 60675 8

© 2000 by FALKEN Verlag, 65527 Niedernhausen/Ts.
Die Verwertung der Texte und Illustrationen, auch auszugsweise, ist ohne Zustimmung des Verlags urheberrechtswidrig und strafbar. Dies gilt auch für Vervielfältigungen, Übersetzungen, Mikroverfilmung und für die Verarbeitung mit elektronischen Systemen.

Umschlaggestaltung: Rincón² Design & Produktion GmbH, Köln
Herstellung: Doris Wieke, Wiesbaden; Christina Dinkel
Illustrationen: Assen Münning, Wiesbaden
Redaktion: Doris Wieke, Wiesbaden
Koordination: Regine Gamm
Satz: WIEKEtext, Wiesbaden
Druck: Freiburger Graphische Betriebe GmbH, Freiburg

817 2635 4453 6271

Inhalt

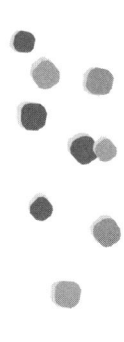

Vorwort 7

Reden

Oh, diese Männer! 8
Traudi Müller

Das „schwache" Geschlecht! 13
Traudi Müller

So sind nun mal die Männer! 17
Traudi Müller

Die einfältige Christine 22
Traudi Müller

So kennt man die Männer 28
Traudi Müller

Arbeit macht das Leben süß! 32
Traudi Müller

Von Männern und Frauen 37
Traudi Müller

Die ambulante Wahrsagerin 41
Doris Kunschmann

Die Regieassistentin 46
Doris Kunschmann

Vorträge

Kommt hierher, Mädels 52
Doris Kunschmann

Die Frau von 40 Jahren 57
Anne Zenner

Eine selbstbewusste Frau 61
Anne Zenner

Zwiegespräche

Zwei gute Freundinnen 64
Anne Zenner

Kättchen trifft Eulalia 71
Anne Zenner

Zwei flotte Käferchen 76
Anne Zenner

Vorwort

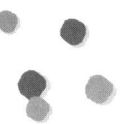

Das ganze Jahr über sind wir Frauen doch wirklich brav und fleißig. Aber in der „fünften Jahreszeit", da hält uns nichts mehr, da reißt uns die Welle des Karnevals mit und fort. Fort vom heimischen Herd, von übergroßer Sittsamkeit, vom gesunden Essen und Trinken und von unseren Männern.

Ja, was so eine richtige Närrin ist, die lässt nichts aus! In munteren Frauengruppen ziehen wir durch die einschlägigen Etablissements und von Sitzung zu Sitzung. Wir nutzen die Zeit, um mal so richtig auf die Pauke zu hauen und wir genießen es.

Doch man kann sagen, was man will, das mit der Emanzipation läuft irgendwie noch nicht so richtig. Finden Sie nicht auch? Unser „schwaches" Geschlecht ist offiziell noch recht unterrepräsentiert. Wir dürfen zwar vorher kräftig an den Uniformen unserer aktiven Männer pusseln, die Kappen pflegen und ihre Ansprachen abhören, doch im Präsidium sitzen dann sie. So manche Bühnendekoration, so manches bunte Kostüm und so manche heitere Bühnennummer gäbe es ohne uns nicht, die wir still und bescheiden im Hintergrund wirken. Damit soll Schluss sein!

Weiber in die Bütt! Die Männer müssen endlich begreifen, dass ihnen die Bütt nicht mehr allein gehört. Auch wir können durchaus einen tollen Vortrag hinlegen und das närrische Publikum begeistern. Also, Mädels, rin in die Bütt! Auf den nächsten Seiten finden Närrinnen jeder Couleur in Vorträgen, Reden und Zwiegesprächen die passende Anregung für den eigenen Vortrag.

Oh, diese Männer!

Liebe Närrinnen und Narren!
Es mag Ihnen wunderlich erscheinen, eine Frau in der Bütt zu sehen, obendrein noch so eine „Schöne" wie mich, aber glauben Sie mir, meine lieben Leidensgenossinnen, es muss sein, denn so wie bisher kann und darf es nicht weitergehen mit den so genannten „Herren der Schöpfung".

Die Bekleidung sollte so bunt und so altmodisch sein wie nur möglich, Haare und Gesicht richtig schön „hässlich".

Halten Sie es vielleicht für richtig, wenn ein Mann – oder sagen wir einmal die Hälfte von einem „Mann" – die Wahl des richtigen Lebenspartners mit dem Kauf von Tomaten im Supermarkt vergleicht? Eine derart deftige Methode der Verdeutlichung feiner und feinster Zusammenhänge haben mit Liebe oder gar Ehe nichts mehr zu tun.
Sie brauchen gar nicht so zu lachen, meine Herren, was wären Sie denn ohne uns Frauen? Sie hätten nicht mal mehr einen Knopf an der Hose! Wir dagegen stehen auf unseren eigenen Füßen, sogar in der Straßenbahn. Und überhaupt: Wie werden wir denn behandelt? Ist die verwitwete, geschiedene, ledige, kurzum die allein stehende Frau mit ihren Hoffnungen, Sehnsüchten und Wünschen denn Freiwild? Um mit dem anfänglichen Vergleich zu sprechen: Wie findet eine Frau die richtige Tomate im Supermarkt der Männlichkeit?
Oh, ihr Kleingläubigen, ihr Machos! Wir Frauen sind keine Betthäschen für jedermann. Was uns manchmal für eindeutige Angebote gemacht werden, lässt sich kaum wiedergeben. Hier sträuben sich mir nicht nur die Haare, hier sträubt sich mir auch die Zunge. Ich lege größten Wert auf sittsame Damenhaftigkeit!

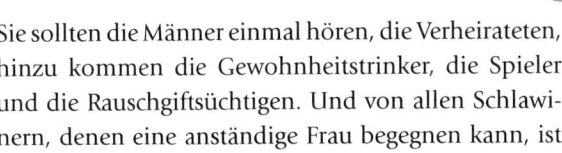

Sie sollten die Männer einmal hören, die Verheirateten, hinzu kommen die Gewohnheitstrinker, die Spieler und die Rauschgiftsüchtigen. Und von allen Schlawinern, denen eine anständige Frau begegnen kann, ist der überzeugte Junggeselle wohl der schlimmste.

Da habe ich mal einen kennen gelernt. Als Flugkapitän stellte er sich vor, nannte sich „Engel der Lüfte". Nun ja, ein Luftikus war er, das muss ich sagen. Der Mann kam sich vor wie ein Hubschrauber. Ja, der Gute dachte, er könnte überall landen. Bei mir hat der sogar eine „Bauchlandung" versucht. Also Junggesellen, die wollen mit einer Frau ja überall hin, nur nicht aufs Standesamt. Junggesellen sind Männer, die lieber Strümpfe stopfen als heiraten. Das sind Männer, die jeden Morgen aus einer anderen Richtung zur Arbeit kommen. Ich kannte mal einen, der wollte mir die Sterne vom Himmel holen. Nun frage ich Sie, was soll ich mit Sternen? Ich habe zu dem Mann gesagt: „Mein lieber Herr Verwaltungsinspektor, da sind Sie bei mir an der falschen Adresse. Für Ihre Scherze müssen Sie sich schon eine Dümmere suchen als mich. Aber die werden Sie wohl nicht finden!"

Ist doch wahr! Ich meine, wo kämen wir denn hin, wenn wir uns von all den vielen liebeshungrigen Ehe- und sonstigen Männern einseifen lassen würden? Immer wieder wird von uns harmlosen und wehrlosen Frauen in Filmen, Büchern und Anzeigen ein völlig falsches Bild gezeigt. Die Männer glauben deshalb, dass wir Frauen an nichts anderes denken. – Na, Sie wissen schon!

Zwischendurch ordnet und zupft sie immer mal wieder an ihrer „Schönheit" herum.

Nach dem Inspektor lernte ich einen anderen kennen. Ach, was war der harmlos. Der war so hilflos wie ein Schuljunge mit der Zuckertüte. Der kam aus Australien, fern jeden Verkehrs. Er sagte zu mir: „Gnädige Frau, darf ich Ihnen meinen Arm anbieten?" Ich erwiderte: „Nein, danke, ich habe selber zwei."

Meine Damen, ich protestiere! Gehen Sie mit mir auf die Barrikaden! Wenn wir zusammenhalten, dann haben die Männer verloren. Die Männer, diese Schufte, glauben, mit uns Singlefrauen könnten sie es machen. Aber nein, nein und nochmals nein

Einmal besuchte ich in Alaska eine Silberfuchsfarm. Als ich ein besonders schönes Exemplar bewunderte, fragte ich: „Wie oft kann man eigentlich einem Fuchs den Pelz abziehen?" – „Dreimal, Madame", sagte der Züchter ernsthaft, „öfter geht es nicht, das verdirbt seinen Charakter!" Darüber lachen Männer!

Nein, meine Damen, was die Männer betrifft, kann ich nur sagen: Mein Vorrat an Humor ist verbraucht. Ich habe eine ziemlich freudlose Jugend gehabt. Eigentlich könnte ich heiraten, ich bin ja an Kummer gewöhnt. Der Doktor, bei dem ich neulich war, der glaubte sogar, ich sei verheiratet. Er sagte zu mir: „Wenn Sie nachher Ihren Mann sehen, dann sagen Sie ihm ..." – „Ich habe keinen Mann", unterbrach ich den Arzt. „Nun gut! Wenn Sie also nachher Ihren Verlobten sehen ..." – „Ich bin nicht verlobt!", sagte ich trotzig. „Meinetwegen. Aber wenn Sie nachher Ihren Freund sehen ..." – „Ich habe auch keinen Freund, Herr Doktor!" Daraufhin sah der Arzt lange sinnend aus dem Fenster. „Worauf warten Sie denn?" fragte ich ungeduldig. Darauf entgegnete der Arzt: „Beim letzten Mal, als das passierte, liebe Frau, ging in Bethlehem ein Stern auf."

Nein, ich habe immer Pech! Kürzlich habe ich mir einen Papagei gekauft. Am Tag darauf ging ich zu dem Tierhändler und reklamierte: „Der Papagei, den Sie mir verkauft haben, ist gestorben!" „Komisch", sagte der Verkäufer, „das tat er sonst nie!"

Schon als ganz junges Mädchen hatte ich meine Sorgen. Einmal kam ich spät von einer Party nach Hause. Meine Mutter wartete schon auf mich. Als ich hereinkam, musterte meine Mutter mich prüfend und sagte: „Du hast in deinem rechten Strumpf eine Laufmasche!" Schnippisch antwortete ich: „So was kommt eben vor, Mama." – „Schon, schon", gab die Mutter zurück, „doch als du weggingst, war die Laufmasche am linken Bein!"

Auch auf Reisen hatte ich bisher nie Glück! Ich wollte mir wieder mal etwas gönnen und fuhr in der Saison nach Bayern. Dort bin ich in einem kleinen, feinen Hotel untergekommen. Mitten in der Nacht musste ich den Nachtportier anrufen: „Eben will ein Mann in mein Zimmer einsteigen." – „Ich rufe sofort die Polizei!", brüllte der Portier diensteifrig. „Warum denn die Polizei?", gab ich zurück. „Rufen Sie lieber die Feuerwehr. Seine Leiter ist viel zu kurz."

Am nächsten Tag, bei einer Gebirgstour, stürzte ich ab. Aber ich hatte Glück im Unglück! Im letzten Moment konnte ich mich an einer Wurzel festhalten. Eine Stunde schwebte ich über dem Abgrund, ehe ich gerettet wurde. Voller Anerkennung meinte der Führer der Bergwacht: „Das war eine Leistung! Eine Stunde nur an einem Arm frei schwebend!" – „Ach, wissen Sie", wehrte ich bescheiden ab, „darauf bin ich doch trainiert. Ich fahre jeden Tag mit der Straßenbahn ins Büro – die Männer sitzen und wir Frauen hängen an den Griffen. Das trainiert!"

Der Schupo in dem Dorf war so ein komischer Kauz. Na, er war halt wie alle Männer. Ich sagte zu ihm: „Was habe ich da gehört, bei Ihnen ist einer tot umgefallen?" „Ja, ja, genau vor meinem Dienstzimmer", erwiderte der biedere Schutzmann. „Zuerst war natürlich große

Aufregung, aber dann war es nicht so schlimm, wie wir gedacht hatten. Es war nämlich bloß einer von unseren männlichen Feriengästen."

Na ja, und der Ochsenwirt war auch nicht viel besser. „Was möchte die Dame essen?", fragte der Ober. Ich bestellte ein Walfischbrötchen. Nach einer Weile kam der Ober zurück. „Tut mir leid, meine Dame, da müssen Sie schon zwei Walfischbrötchen bestellen. Der Chef sagt, wegen einem Brötchen können wir keinen Walfisch anschneiden."

Auf der Rückreise fragte mich der Bahnschaffner: „Sind Sie eben zugestiegen, meine Dame?" Frostig erwiderte ich: „Ja, dachten Sie, ich wäre hier drin geboren?" Darauf konterte der Flegel: „Das ist kaum möglich, liebe Frau! So lange gibt es noch keine Eisenbahn!"

Meinen bezauberndsten „Flirt" habe ich seinerzeit am Strand von Kampen kennen gelernt. Das war so ein süßer Playboy. Der ließ mir immer heißen Sand über den Rücken rollen. Das machte Spaß und kostete nichts. Später fummelte er immer an meinem Oberschenkel herum. Ich hab ihm natürlich ein paar auf die Finger gehauen. Prompt hat er aufgehört. Ja, das war ein Anfänger!

Das „schwache" Geschlecht!

Alle mal herhören, meine Damen!
Es wird immer behauptet, wir seien das schwache Geschlecht. Dabei machen wir unsere ganze Hausarbeit allein. Glauben Sie ja nicht, dass mich mein Mann auch nur einmal dabei unterstützt. Dafür ist er angeblich zu schwach, wenn er von der Arbeit kommt! Aber hinter meinem Rücken unsere junge Nachbarin auf den Arm nehmen, das kann er.

Wir feierten unsere Hochzeit in Schaffhausen, darum ist meine Ehe wohl auch ein richtiger *Reinfall*. Zwar wurde mir die Mitgift gutgeschrieben, aber mit dem Mann wurde ich belastet.

Bei Erscheinen auf der Bühne sollte sie sich bewusst robust geben. Sie könnte z. B. als Bardame auftreten.

Mein Mann hat sich seinerzeit so richtig in unsere Familie hineingeschmuggelt; so mit Blümchen, Konfekt und Sekt. Meine Eltern waren schier begeistert. Ich wollte ihn eigentlich gar nicht haben. Wir stritten uns schon immer. Einmal tobte er: „So einen Mann wie ich einer bin, hast du gar nicht verdient!" – „Ich weiß", lächelte ich, „dass ich so einen Mann nicht verdiene. Aber leider habe ich ihn bekommen!"

Wenn wir Streit haben, müssen wir vorher die Wände zur Nachbarwohnung mit Matratzen verkleiden, unsere Wohnung ist sehr hellhörig. Einmal gabs einen irren Krach, als mein Mann zu früh aus dem Urlaub zurückkehrte – wir fahren nämlich getrennt in Urlaub. Er schlich sich leise ins Schlafzimmer. Hier fand er mich mit seinem *besten* Freund innig umschlungen. Wütend brüllte er: „Was machst du denn hier, Klaus?" Zuckersüß erwiderte ich: „Was soll er schon machen, Schatz. Er arbeitet deine Rückstände auf!"

Kennen Sie den Unterschied zwischen dem Freund des Hauses und dem Hausfreund? – Der Freund des Hauses kommt, wann er will. Der Hausfreund will, wenn er kommt.

Seitdem ich verheiratet bin, gehe ich nie mehr vor drei Uhr morgens schlafen, dann kommt mein Mann nämlich erst nach Hause. Als er neulich wieder erst morgens nach Hause kam, habe ich ihm mit dem Nudelholz einen „Scheitel" gezogen. Danach lag er mir zu Füßen. Ich beugte mich zu ihm hinunter und sagte: „Liebling, entschuldige bitte, ich habe ganz vergessen, dass du heute Nachtschicht hattest."

Mein Mann war früher Dompteur beim Zirkus. Er war der tapferste Mann, den ich kenne. Wenn ein neues wildes Tier kam, beschäftigte er sich sofort mit ihm. Schon nach zwei Tagen legte er so einem Löwen oder Tiger den Arm in den Rachen. Die Kollegen nannten ihn den Ritter ohne Furcht. Das war früher! Heute heißt er Pedro, der Einarmige.

Kürzlich fragte mich die Nachbarin: „Fehlt Ihnen was? Sie sehen so schlecht aus." – „Ach", erwiderte ich, „ich habe drei Nächte lang nicht schlafen können, mein Mann hustet so furchtbar, wenn er heimkommt." – „Ja, Frau Müller, da sollten Sie denn doch einen Arzt kommen lassen." – „Das ist nicht nötig", entgegnete ich, „ich verreise ja heute für drei Wochen."

Sie kennen das: Die Herren der Schöpfung überlassen dem schwachen Geschlecht wirklich alle Sorgen. Auch wenn es Ärger mit dem Nachbarn gibt. Zum Beispiel vergeht kaum ein Tag, an dem Frau Schulte nicht aufkreuzt, um etwas zu borgen. Ich war fest entschlossen, diesen Zustand zu beenden. Wieder kam Frau Schulte an. „Guten Tag, Frau Müller", sagte sie freundlich, „brauchen Sie heute Abend Ihren Rasenmäher?" – „Ja, den brauche ich sehr dringend", log ich wütend. "Mein Mann und ich wollen heute abwechselnd im Garten den Rasen schneiden." – "Das ist aber fein! Nein, wie gut sich das trifft", strahlte Frau Schulte. "Dann können Sie mir doch sicher mal Ihr Fahrrad ausleihen?" Diese Frau Schulte ist eine komische Person. Ich glaube, die "tickt" nicht richtig.

Ja, das Studium der Weiber ist schwer! Selbst die eigene Tochter kennt man nicht wirklich, sagte einmal die von mir sehr geschätzte Frau Eierschmalz. Stellen Sie sich vor: Zwei Jahre haben die Eltern ihre Tochter Anna nicht mehr gesehen. Dann besuchten sie die junge Frau in ihrem schicken Appartement in der Großstadt. Frau Eierschmalz bestaunte das intime Boudoir, das breite französische Bett, die rote Beleuchtung, die vielen Perücken und die raffinierten Kleider. Und der Vater bestaunte den rasanten Sportwagen vor der Tür sowie die Hi-Fi-Anlage. Frau Eierschmalz strahlte: "Mein Kind, du hast es geschafft, wie bist du zu diesem Wohlstand gekommen?" – "Ganz einfach, ich bin Vertreterin", erklärte die hübsche Tochter. Der Vater wurde neugierig und fragte: "Was vertrittst du denn?" – "Nun", lächelte das Mädchen, "Ehefrauen, Freundinnen und andere müde Weiber."

Es gibt aber nicht nur müde Weiber, meine Damen, es gibt auch müde Männer. Oh ja, ich habe so einen. Einmal kam mein *Schatz* von einer Reise zurück, stürzte ins eheliche Schlafzimmer und schrie mich an: "Elende, ich weiß alles!" Gelassen erwiderte ich darauf: "Gib doch bloß nicht so an! Wann war denn die Schlacht im Teutoburger Wald, he?"

Ich sage Ihnen, wenn unsere *Männer* nur über Dinge sprechen würden, von denen sie etwas verstehen – das Schweigen wäre bedrückend!

Mein Mann ist dauernd beim Arzt. Angeblich tun ihm sämtliche Knochen weh – innen wie außen. Ich habe ihm geraten: „Schließe doch endlich eine anständige Lebensversicherung ab, dann brauchst du nicht ständig zum Doktor zu laufen." Aber nein! Da könnte ich ja was von haben. Sein ganzes Geld gibt er für Toto und Pillen aus. Ich kann mir überhaupt nichts leisten. Wenn das so weitergeht, muss ich mich bald auf dem Pariser Flohmarkt einkleiden. Stellen Sie sich vor, nur *einmal* in meinem Leben war ich in einem Hutgeschäft. Vor lauter Freude darüber habe ich achtundsiebzig Hüte aufprobiert, für einen habe ich mich dann entschieden. Als ich mit dem neuen Hut nach Hause kam, sagte ich zu meinem Mann: „Jetzt kannst du nicht mehr sagen, dass ich aussehe wie eine alte Frau." – „Nein", erwiderte er gehässig, „jetzt siehst du aus wie ein alter Mann." Ja, so ist der zu mir!
Einmal hatte ich ein wenig Hoffnung auf ein besseres Leben. Mein Mann war ein halbes Jahr verschwunden. Kopfschüttelnd schaute mich der Wachtmeister an: „Wieso haben Sie denn das Verschwinden Ihres Mannes nicht gleich der Polizei gemeldet?" Treuherzig erwiderte ich: „Wissen Sie, Herr Wachtmeister, man kann ja in der ersten Freude nicht an alles denken!" – Völlig verständnislos sah der mich an: „Mein Gott, liebe Frau, Ihrem Mann kann doch was Tödliches zugestoßen sein." – „Reizen Sie mich nicht zum Lachen", erwiderte ich, „ich habe aufgesprungene Lippen!"
Helau!

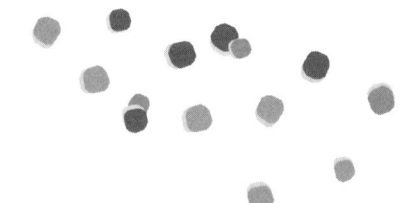

So sind nun mal die Männer!

Was lange gärt, wird endlich Wut!
Meine Zunge sträubt sich, auch nur annähernd etwas Gutes über die Männer zu sagen. Ich halte die *Männer* für das Schlimmste seit Adam.
Es ist gar kein Geheimnis, meine Damen, das Leben eines Mannes zerfällt in drei Abschnitte: Im ersten fällt der Mann seiner Mutter, im zweiten seiner Frau und im dritten schließlich seiner Tochter auf die Nerven.
Beim Aussuchen eines Mannes sollten wir Frauen es wie beim Aussuchen eines Stoffes halten: Also nicht bei künstlicher Beleuchtung wählen! Der Unterschied zwischen einem Mann und einer Frau besteht ja darin, dass der Mann das Liebesleben leider nur als *Sprint* auffasst, für uns Frauen dagegen ist es ein Hindernislauf.
Kinder, Kinder, was bin ich gelaufen, und alle Männer hinter mir her. Aber keiner wollte sich trauen lassen. Man muss unterscheiden zwischen den Männern, die sich vorher trauen und denen, die sich trauen lassen.
Seien wir doch einmal ehrlich, meine Damen. Was haben wir denn davon, wenn wir heiraten? Was kommt dabei heraus? – Nichts als Kinder.
Böse Zungen behaupten, wir Frauen schauen gelegentlich unters Bett, in der Hoffnung, einen Einbrecher zu finden. Da kann ich nur sagen: Nicht nur unters Bett! Ja, was bleibt uns denn nach Jahren der Enttäuschung und Vernachlässigung anderes übrig?
Ist Ihnen schon einmal aufgefallen, dass im Tierreich die Männchen viel schöner als die Weibchen sind? Diesen Fehler hat der liebe Gott beim Menschen leider korrigiert. Es mag vielen Männern zum Trost gereichen,

Hier geht es den Männern im wahrsten Sinne des Wortes mächtig an den Kragen. Geben Sie sich herb und deftig in Wort und Gebaren.

dass sie manchmal nicht ganz so geistlos aussehen, wie sie tatsächlich sind.

Ich behaupte, die Ehemänner wünschen sich nicht die große Freiheit, sie wollen viel lieber viele kleine unanständige Freiheiten.

Zum Beispiel einen großen Büstenhalter hochhalten.

Nie ist ein Mann schwächer als in dem Augenblick, in dem eine schöne Frau sagt, wie stark er doch sei. Man kann einem Mann die törichtesten Dinge über seine Stärke sagen, er wird sie glauben. Junge Männer wollen treu sein – und sind es nicht. Alte Männer möchten untreu sein – und können es nicht. Also, das ideale Alter für einen Mann ist erreicht, wenn sich Frauen noch und die Armee nicht mehr für ihn interessieren.

Apropos Armee: Mein Mann war Obergefreiter bei der Bundeswehr. In einer Fragestunde beim Dienstunterricht erkundigte er sich: „Seit wie viel Jahren besteht die Bundeswehr, Herr Unteroffizier?" – „Seit 1955!" antwortete der. „Ich dachte", wunderte sich mein Mann, „seit 2000 Jahren. Schon in der Bibel steht: Sie legten seltsame Gewänder an und zogen planlos umher." Ja, so ist mein lieber Mann. Überall muss er seine *Bildung* heraushängen lassen.

Wussten Sie eigentlich schon, dass 59 Minuten eine schwache Stunde sind? Das nur nebenbei.

Auf gar keinen Fall darf man die Männer verwöhnen. Je mehr eine Frau einen Mann verwöhnt, desto weniger wird sie von ihm verwöhnt. Ich spreche da aus Erfahrung. Einmal ging ich mit einem Bekannten ins Kino. Am Büfett kaufte er für sich Schokolade. Der Film lief. Er knabberte unentwegt. Ich hoffte und hoffte. Schließlich fragte ich spöttisch: „Schmeckt es?" – „Ausgezeichnet! Sie hätten sich auch eine Tafel kaufen sollen!"

Schokoladentafel präsentieren und dann kräftig hineinbeißen.

Mein seliger Vater hatte diesen Herrn für mich ins Auge gefasst und sagte zu ihm: „Also, Herr Lustig, Ihre enormen Schulden habe ich bezahlt! Nun steht doch einer Heirat mit meiner Tochter wirklich nichts mehr im Wege." – „Nein, eigentlich nicht, Herr Müller", erwiderte meine Errungenschaft. „Ich bin allerdings noch nicht ganz von meiner Frau geschieden!" Ja, so sind nun mal die Männer!

Als ich noch jung und unerfahren war, fragte ich meine Mutter: „Du, Mutti, beginnen alle Märchen mit den Worten: Es war einmal?" – „Oh nein", erwiderte sie, „manche beginnen auch: Wir müssen heute Abend im Büro Überstunden machen."

Tja, meine Damen, die Männer sind wie Zwiebeln: Wenn man sich näher mit ihnen befasst, ist es zum Heulen. Meine Nachbarin ist auch schwer hereingefallen. Ihr Mann ist Schlafwandler. – Er schläft mal hier, mal dort.

Ich sage immer, die zehn schönsten Lebensjahre eines Mannes sind die von 28 bis 30! Neunundvierzig Jahre lang haben die Männer Angst vor dem Tag, an dem sie fünfzig werden. Für viele beginnt dann der zweite Frühling. Einige wollen in einer Woche nachholen, was sie in zwanzig Jahren versäumt zu haben glauben. Hüten Sie sich vor diesen Männern, meine Damen. Nur eine Röntgenologin hat eine Chance, die Männer zu durchschauen.

Viele Männer heiraten ja, um eine bestimmte Frau zu vergessen. Dann laufen sie anderen nach, um die Frau zu vergessen, die sie mal geheiratet haben. Wir Frauen möchten in der Liebe Romane erleben – Männer sind eben mehr für Kurzgeschichten. Für uns Frauen ist die Treue eine Tugend, für Männer ist sie eine übergroße Anstrengung. Wirklich, Männer sind wie Streichhölzer. Wenn sie Feuer fangen, verlieren sie den Kopf. Zugegeben, es gibt auch wirklich sensible, feinfühlige Männer.

> *Eventuell eine Zeitung dabei haben.*

Da las ich neulich in der Zeitung, dass so ein Mann sich Pfeil und Bogen angeschafft hat, um seine Frau umzubringen. Nun ja, der Knall eines Revolvers hätte doch die Kinder geweckt.

Da gibt es aber auch noch eine ganz andere Sorte Männer. Das sind die Kraftprotze, die zum *Dame-Spielen* kein Brett brauchen. Mein Mann glaubt, auch so einer zu sein. Kürzlich waren wir auf einer Party. Tags darauf habe ich ihm Vorwürfe gemacht und gesagt: „Du hast uns ja auf der Party gestern schön blamiert. Hoffentlich hat keiner gemerkt, dass du nüchtern warst."

Meine Mutter hat immer zu mir gesagt: „Hüte dich vor den Männern. Je dicker die Brieftasche, desto flacher der Kopf." Ja, so sind nun mal die Männer!

Ich meine, er gibt sich ja Mühe. Mein Mann tut alles, um mir zu gefallen. Jetzt hat er sich sogar einen Bart wachsen lassen. Nun ja, der Bart steht ihm ganz passabel, da weiß man wenigstens, wo vorne ist.

Mein Mann wird nie einen Irrtum zugeben, außer einem – mich geheiratet zu haben. Tja, wir Frauen sind nur selten glücklich. Unser einziges wirkliches Glück bilden die Männer, die wir nicht geheiratet haben.

Ich bemühe mich redlich darum, meinem Mann beizubringen, dass es nur mich für ihn gibt. Aber ob es was nutzt? Sein Rheuma ist da sicher weit besser geeignet, ihn von Seitensprüngen abzuhalten. Trotzdem musste ich neulich annehmen, dass mein Mann mich hintergeht. Ich stellte ihn zur Rede und sagte: „Erich, du hast eine Geliebte!" Er hob die Hand zum Schwur. „Red keinen Unsinn, Mausi, wie kommst du darauf, dass ich eine Geliebte habe?" – „Nun", erwiderte ich, „du hast dir in dieser Woche schon dreimal die Füße gewaschen!"

Mein Mann ist ja schon über fünfzig und da beginnt der zweite Frühling. Er hätte ja gern etwas Jüngeres.

Aber ich habe zu ihm gesagt: „Merke dir, es sind die ältesten Geigen, die die schönsten Lieder spielen."

Nein, meine Damen, wir Frauen brauchen unser Licht nicht unter den Scheffel zu stellen. Wir Frauen wurden nach dem Mann erschaffen, weil Gott sich eine Steigerung vorbehalten wollte.

Zum Schluss, meine Damen, möchte ich sagen: Eine vernünftige Frau sollte sich niemals einen Liebhaber nehmen, ohne ihr Herz zu fragen, und nie einen Ehemann, ohne ihre Vernunft entscheiden zu lassen.

Einen Toast auf unsere Männer und unsere Geliebten! Mögen sie sich nie begegnen!

Die einfältige Christine

Sie kommt bieder verkleidet, langsam und schüchtern auf die Bühne. Nach etwas zaghaftem Beginn sollte sie im Verlauf der Rede ihre Verklemmtheit etwas ablegen.

Das waren schlimme Zeiten, als ich damals auf die Welt kam. Ich bin gar nicht geboren. Mich haben sie in der Kleiderkammer des Bundeswehr-Regiments gefunden. Meine Mutter war überhaupt nicht zu Hause. Mein Vater war in der Kneipe und trank Schnaps. Eine Kälte war in der Bude, meine Güte. Da bin ich aufgestanden und habe erst mal den Ofen angemacht. Anschließend habe ich mich dann auf die Wickelkommode gelegt. Das hätte ich nicht tun sollen, denn nun versuchte man mich dauernd einzuwickeln.

Meine Mutter wusste gar nicht, wo sie mit mir hin sollte, zuletzt stellte sie mich in den Vogelkäfig, damit mich die Katze nicht kriegte.

Ich weiß bis heute noch nicht, wer mein Vater ist, aber meine Mutter hat schon einen gewissen Verdacht.

Der Kompaniechef sagte damals zu meiner Mutter: „Mädchen, nur keine Angst, wir werden den Vater Ihres Kindes schon finden." Dann ließ er die ganze Kompanie antreten. Meine Mutter schritt erhobenen Hauptes die Front ab. „Der dritte von rechts und der zweite von links", flüsterte sie. „In Ordnung", sagte der Hauptmann, „die beiden könnten es also sein?" – „Nein", protestierte meine Mutter, „eben nicht. Die beiden sind noch nicht lange genug hier. Das sind die einzigen, die nicht in Frage kommen."

Ich war ein sehr ruhiges Kind, sagt meine Mutter. Ich bin immer still sitzen geblieben, in der Schule sogar dreimal. Die anderen Kinder hatten nur Einser oder auch mal eine Zwei im Zeugnis, ich hatte meistens eine Fünf und im letzten Schuljahr sogar oft eine Sechs. Einmal sollten wir zeichnen, was wir sein möchten, wenn wir erwachsen sind. Ich rührte keinen Finger. Auf die Frage der Lehrerin gab ich zur Antwort: „Wenn ich groß bin, will ich eine glückliche Ehe führen. Wenn ich zeichne, wie ich mir das vorstelle, kriege ich von Ihnen bestimmt einen Eintrag!"

Als ich einmal einen Tag gefehlt hatte, fragte die Lehrerin nach dem Grund. Ich antwortete: „Mein Opa ist gestorben." – „Nanu?", staunte die Lehrerin, „den habe ich doch heute noch an eurem Schlafzimmerfenster stehen sehen?" Ich sagte: „Stimmt, Fräulein. Da lassen wir ihn auch noch drei Tage lang, damit wir die Rente für diesen Monat noch kriegen!"

Einmal sollten wir einen Aufsatz schreiben, in dem das Wort „Palaver" vorkommt. In meinem Aufgabenheft stand danach zu lesen: „Ich habe zu Hause noch zwei heranwachsende Schwestern. Beide haben einen Wandkalender, auf dem alle vier Wochen ein roter Strich zu sehen ist. Das letzte Mal ist der rote Strich aber ausgefallen – da war bei uns vielleicht ein Palaver!"

Ein anderes Mal wollte die Lehrerin einen griechischen Dichter von mir wissen. Ich antwortete: „Achilles." – „Achilles war doch kein Dichter", tadelte die Lehrerin. „Wieso denn nicht", erwiderte ich, „er wurde doch durch seine Ferse berühmt." Daraufhin gab sie mir einen Groschen und sagte: „Geh in die Apotheke und kaufe für zehn Pfennig Verstand!" In der Tür drehte ich mich noch einmal um und fragte: „Soll ich sagen, dass es für Sie ist?"

Dann hatten wir natürlich auch Biologie. „Nachdem wir in der vorigen Stunde die Wasservögel durchgenommen haben, sind heute die Sumpfvögel dran", erläuterte die Lehrerin. „Christine, kannst du uns etwas über den Storch sagen?" Ich erwiderte: „Das kann ich

schon, aber hier in der Klasse?" Daraufhin wollte die Lehrerin dringend mit meiner Mutter sprechen.

Einmal hat die Lehrerin mich sogar gelobt. Sie sagte, wenn alle Mädchen so wären wie ich, dann könnte sie die Schule zumachen!

Nie vergesse ich den Tag, an dem ich aus der Schule kam und zu meiner Mutter sagte: „Mami, stell dir vor, unsere ganze Klasse ist heute vom Schularzt untersucht worden. Nur eine von uns ist noch Jungfrau!" Meine Mutter freute sich: „Ja, ja, mein Kind, du warst immer ein braves Mädchen." Verdutzt erwiderte ich: „Wieso ich? Die Lehrerin!"

Eigentlich habe ich ein sehr gutes Abschlusszeugnis bekommen. Darin stand: „Christine ist zu allem fähig." Die Rektorin meinte zum Abschied: „Christine, ich fürchte, du bekommst nie eine gute Lehrstelle." So ein Quatsch! 15 Stück habe ich gehabt.

Zuerst war ich bei einer Handschuhmacherin in der Lehre. Die war aber gar nicht zufrieden mit mir. Sie sagte: „Dich schmeiß ich raus, du machst mir immer zu lange Finger."

Macht die „langen Finger", zeigt die Zunge, langt mit der Kelle kräftig zu usw.

Danach war ich Verkäuferin in einem Schuhgeschäft. Eines Tages bediente ich so eine reiche Ziege, über und über mit Gold behängt und so von oben herab. Ich habe alles an Schuhen herangeschleppt, was wir im Lager hatten. Nichts war der Dame gut genug. Nach vier Stunden meinte sie: „Können Sie mir noch etwas zeigen?" Patzig erwiderte ich: „Ja, die Zunge!"

Sehr gerne wäre ich Serviererin geworden. Drei Wochen lang habe ich in so einem superfeinen Restaurant gearbeitet, wo die Portionen ganz klein und die Rechnungsbeträge ganz groß sind. Dann habe ich aber mit der Köchin Krach bekommen, weil ich den Gästen immer noch Nachschlag gegeben habe.

Später war ich dann als Verkäuferin in einem Miederwarengeschäft angestellt. Eines Tages kam der Chef zu mir und sagte: „Frau Christine, ich habe die Kasse überprüft, es fehlen genau 60 DM." Ich gab zur Antwort: „Herr Chef, nur Sie und ich haben einen Kassenschlüssel, da legt eben jeder von uns 30 DM wieder hinein und dann sprechen wir nicht mehr darüber."

Dann versuchte ich mich als Verkäuferin in einem Waffengeschäft. Eines Tages betrat eine junge hübsche Frau schluchzend die Waffenhandlung und erklärte: „Mein Mann ist tödlich mit seinem Auto verunglückt." Ich flüsterte: „Mein aufrichtiges Beileid, gnädige Frau. Aber ich verstehe nicht, wieso Sie deshalb zu mir kommen." Darauf entgegnete sie: „Na, ich möchte Ihnen natürlich den Revolver zurückbringen, den ich gestern hier gekauft habe. Ihr Tipp mit dem Bremskabel hat prima funktioniert." Daraufhin entließ mich der Chef wegen Geschäftsschädigung.

Anschließend war ich im Städtischen Krankenhaus als Krankenschwester tätig. Eines Abends ging der Stationsarzt noch einmal durch seine Abteilung. In diesem Moment stürzte ich mit wirrem Haar, offener Bluse und rotem Gesicht aus dem Zimmer eines Privatpatienten. „Nanu", fragte der Arzt erschrocken, „ist etwas passiert?" Darauf erwiderte ich: „Wie soll ich denn das jetzt schon wissen?" Ich wusste nicht, dass jeglicher privater Kontakt zu den Privatpatienten untersagt war.

Ein halbes Jahr war ich Gärtnerin bei einem reichen Fabrikanten. Eines Tages kam es zum Streit mit der Frau des Hauses. Ich sagte: „Also gut, wenn Sie mich schon rauswerfen, weil ich bei Ihrem Mann einmal schwach geworden bin, dann sollen Sie auch wissen, dass man mir gesagt hat, ich sei eine viel bessere Liebhaberin als Sie." Die Frau schnappte nach Luft: „Unerhört! Wann

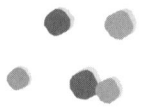

hat mein Mann das gesagt?" Ich grinste: "Nicht Ihr Mann, sondern der Chauffeur."

Zum Schluss war ich Aushilfe bei einem älteren Apotheker. Ganz plötzlich kündigte ich. "Aber Christine", meinte die Frau des Apothekers sehr erstaunt, "was ist denn in Sie gefahren? So plötzlich wollen Sie uns verlassen?" – "Ja", sagte ich nicht ohne Freude, "ich will doch heiraten!" – "Ach, heiraten wollen Sie? Ja, und glauben Sie, liebe Christine, dass Sie es dann besser haben werden?" – "Besser wohl nicht, gnädige Frau, aber öfter!", erwiderte ich.

Nun ist das bei uns zu Hause auf dem Dorf so Mode, dass am Hochzeitstag die Braut ihren Jungfernkranz trägt und vom Kirchturm herab die große Glocke läutet. Wenn die Braut ausnahmsweise keine Jungfrau mehr ist, dann braucht sie keinen Jungfernkranz mehr zu tragen und es läutet auch nur ein kleines Glöcklein. Das ist dann aber auch billiger. Als es endlich so weit war, sagte der Herr Pastor zu mir: "Nicht wahr, Fräulein Christine, bei Ihnen können wir doch die große Glocke nehmen?" Gelassen erwiderte ich: "Herr Pastor, mir und meinem Bräutigam kommt es auf ein paar Mark nicht an. Nehmen Sie ruhig die große Glocke und bimmeln sie mit der kleinen ab und zu dazwischen."

Nach der Trauung unternahmen wir eine sehr schöne Hochzeitsreise. Wir drehten eine Runde auf der Achterbahn. Mein Mann war glücklich wie ein satter Säugling an der Mutterbrust. Das war ein schöner Mann! Gnädige Frau, da hätten Sie auch nicht Nein sagen können.

Christine fixiert eine Dame im Publikum.

Die Männer heiraten, weil sie müde sind, die Frauen, weil sie neugierig sind. Wir haben uns auf der Hauptstraße kennen gelernt. Ich drehte mich um und sagte: "Laufen Sie mir nicht hinterher, Sie unverschämter Kerl,

womöglich rufen Sie mich auch noch unter 7 66 31 72 an, was?"
Wir erwachten dann am anderen Morgen im Hotel. Da seufzte ich: „Klaus, ich muss dir etwas gestehen: Ich bin keine reiche Millionärstochter." Da lachte mein Schatz: „Das macht nichts, Süße. Du warst auch nicht meine erste Frau."
Eines Tages kam mein Klaus zur Wohnungstür hereingestürzt. Er hatte etwas ungemein Gieriges im Blick. Aufgeregt rief er mir zu: „Schnell, schnell, Schatzi! Lass die Rollläden runter und zieh die Vorhänge zu, ich muss dir etwas zeigen!" Hocherfreut und zittrig tat ich, wie mir geheißen, und riss mir in aller Eile die Kleider vom Körper. Nackt stand ich im Dunkeln und flüsterte heiser: „Komm, Klaus!" Mein Klaus tappte ungeschickt zu mir herüber und sagte: „Guck doch mal, wie prachtvoll das Leuchtzifferblatt meiner nagelneuen Armbanduhr im Dunkeln leuchtet!"
Leider dauerte unser Eheglück nicht lange. Eines Tages schellte ich bei unserer Nachbarin und klagte: „Frau Piepenbrink, stellen Sie sich vor, ich schicke meinen Mann zum Kaufmann, er soll mir eine Dose Erbsen holen. Der dumme Kerl geht über die Straße, schaut nicht links und nicht rechts, ein Omnibus kommt – tot ist er." – „Um Himmels willen, Frau Müller, Sie Ärmste!", rief die Nachbarin bestürzt, „was machen Sie denn jetzt?" – „Ach Gott, es ist nicht weiter schlimm, ich habe noch eine Dose Bohnen im Haus."

So kennt man die Männer

Sie treten ganz als Dame auf. Geben Sie sich selbstbewusst und kämpferisch.

Meine sehr verehrten Damen und – da Sie nun schon mal hier sind – Herren!
Letztere machen – wie ich sehe – ein Gesicht wie ein zerknittertes Sofakissen. Aber das wollen wir – meine Damen – erst gar nicht zur Kenntnis nehmen. Da sehe ich schon wieder einige *Herren* in sich hineingrinsen. Liebe Leidensgenossinnen, lasst euch von den Männern nur nichts bieten! Meine Nachbarin verprügelt ihren Mann jetzt dreimal am Tag. Er ist ja auch selbst schuld. Überall erzählt er, er sei unglücklich verheiratet und dass seine Frau immer mal was auf den Hintern braucht! Ich bitte Sie, liebe Schwestern, so was muss sich heutzutage keine Frau mehr gefallen lassen. Und schlagen, na, das ist ja wohl das Letzte. Frauen schlägt man nicht! Beißen, spucken und treten lasse ich mir gerade noch so gefallen, aber schlagen?
Wir Frauen müssen auf Draht sein. Wer nur vernünftig ist, führt ein trauriges Leben. Ein reines Gewissen hat mancher nur deshalb, weil er es selten benutzt. Wir Frauen leben zwar manchmal über unsere Verhältnisse, aber noch lange nicht standesgemäß.
Ich war mal mit einem Seemann verlobt, der fuhr für 18 Monate nach Australien. Als er zurückkam, hatte ich Zwillinge. „Du elendes Geschöpf warst mir untreu!", hat er mich angebrüllt. Mädels, da lief mir aber ein grauer Streifen über den Rücken. An und für sich habe ich ja Geduld wie ein Karussellschimmel, aber da riss mir denn doch der Geduldsfaden. „Was willst du Seebär? Jedes Kind ist neun Monate unterwegs. Zweimal neun Monate macht nach Adam Riese achtzehn und da

behauptest du nachgemachter Sockengeneral, ich wäre dir untreu gewesen?" Danach sind dem vor Rührung die Tränen am Bart heruntergelaufen. Nee, nee, wer bei mir A sagt, der muss auch *limente* sagen! Gewiss, viel Geld haben ist Sünde, wenig haben aber eine noch größere.

Ich sage mir immer: Widersprich nie einem Mann, das tut der schon selber. Wissen Sie, was eine Frau nach langjähriger Ehe an ihrem Mann reizt? Jedes Wort! Viele Männer sind ja inzwischen so gut erzogen, dass sie nicht mehr mit vollem Mund sprechen. Aber sie haben keine Bedenken, es mit leerem Kopf zu tun.

Meine Damen, vergessen Sie nie die Zärtlichkeit. Mein letzter Schwarm, Dieter hieß er, war immer zurückhaltend und still. Stundenlang saß der Mini-Liebhaber neben mir auf der Bank. Er stierte auf die Erde und ich guckte in den Mond. Schließlich munterte ich ihn auf. Ich habe zu ihm gesagt: „Schnucki, sag mir doch mal was ganz Süßes!" Da schaute er mich an und flüsterte: „Marzipan!" – Als ich Dieter in der Straßenbahn kennen lernte, war der ganz anders: Im Gedränge legte er seine Hand auf meine Schulter. Ich fauchte ihn an: „Können Sie Ihre Hand nicht woanders hinlegen?" – „Oh", erwiderte er charmant, „das möchte ich jetzt noch nicht wagen, wir kennen uns ja kaum!" Und dabei guckte der mir in die Augen, dass mir ganz mulmig wurde.

Einmal lernte ich einen kennen, der hatte eine ganz verrückte Ansprechmasche drauf. Er sagte: „Verzeihen Sie, liebe Frau, ich bin hier fremd. Könnten Sie mir den Weg zu Ihrer Wohnung zeigen? Wissen Sie, ich lebe im Moment sehr diätisch, möchte aber ab sofort wieder auf sexuelle Vollkost umsteigen." Der wollte mich auch ständig begleiten. Ständige Begleiter sind Männer, die

Ihre Einstellung und Gestik ist absolut gegen die Männer gerichtet. Behandeln Sie die „Herren der Schöpfung" einmal so richtig von oben herab.

mit einer Frau überall hingehen, wirklich, bloß nicht aufs Standesamt.

Apropos Standesamt. Als mein Mann und ich damals die Stufen des Standesamtes hinabschritten, blieb ich plötzlich wie angewurzelt stehen. „Ist etwas, mein Liebling?", erkundigte sich mein frisch gebackener Brötchenverdiener. Ich sagte: „Jetzt habe ich doch meine Handschuhe oben liegen gelassen. Also heute mache ich doch nichts als Blödsinn."

Die Männer glauben ja immer, das Lächeln auf dem Gesicht einer Braut sei Glück. In Wirklichkeit ist es aber Triumph.

Als ich den Meinigen endlich dazu gebracht hatte, mich zu heiraten, fragte mich meine Freundin: „Wie kannst du nur so einen großen Mann heiraten? Der ist dir doch haushoch überlegen." Ich antwortete: „Keine Bange, den werde ich schon noch kleinkriegen."

Die Männer sind wie Streichinstrumente: Wenn nichts mehr hilft, muss man andere Saiten aufziehen. Gestern hat meiner auch schon wieder geweint, weil er beim Bildaufhängen den falschen Nagel getroffen hat. Mein Gott, was sind Männer zimperlich. Wenn die die Kinder kriegen müssten, wäre die Menschheit bereits ausgestorben.

Neulich wollte mein Bester aufmucken. Als ich aus der Stadt nach Hause kam, saß er im Wohnzimmer und versuchte sehr mühsam, einen Knopf anzunähen. „Ach, Erich", sagte ich zu ihm, „der Fingerhut sitzt ja auf dem falschen Finger!" Da schrie er mich an: „Stimmt genau, mein Schatz, er sollte auf deinem sitzen!" Dann seufzte er auf: „Möchte bloß wissen, wo ich meinen Kopf hatte, als ich dir einen Heiratsantrag machte!" Darauf entgegnete ich: „Das kann ich dir genau sagen: An meinem Busen, mein Allerbester!"

Sie können mir glauben, meine Damen: Die Ehe ist eine Schlacht, die auf wenigen Quadratmetern Kriegsschauplatz entschieden wird. Dass die Ledigen mehr Steuern zahlen als Verheiratete, betrachte ich als gerechten Ausgleich für ihre Freiheit.

Also, wenn ich ehrlich sein soll, muss ich Ihnen sagen, dass wir uns nach fünfundzwanzigjähriger Ehe noch so gut vertragen wie am ersten Hochzeitstag. Da hat mir mein Mann beim Frühstück sein hartes Ei an den Kopf geworfen, ich habe mich mit einem Teller revanchiert. Ich muss noch heute so argumentieren. Ja, die Männer verstehen es auf mannigfache Art, sich an einer Frau zu rächen. Die subtilste Art besteht darin, sie ein ganzes Leben lang nicht zu verlassen.

Prost, Mädels!

Arbeit macht das Leben süß!

Arbeit macht das Leben süß, aber ich kann leider keine Süßigkeiten vertragen!
Als ich gestern etwas später im Büro erschien, sagte mein Chef zu mir: „Frau Müller, wie kommt es, dass Sie heute schon wieder zu spät kommen?" Kleinlaut erwiderte ich: „Ich bin die Treppe hinuntergefallen." – „Ach so", meinte er lakonisch, „dann hätten Sie doch eigentlich zu früh hier sein müssen, Frau Müller. Sie sollten pünktlich um acht Uhr hier sein." – „Wieso?", fragte ich. „War denn etwas Besonderes los?" Darauf wurde er ganz böse und schimpfte: „Sie behaupten doch immer, dass Sie für zwei arbeiten, nicht wahr? Deshalb ist es doppelt so schlimm, wenn Sie zu spät kommen." Er fuhr fort: „Sie kamen bereits am 20. Dezember 1995 zu spät und heute schon wieder. Das scheint sich bei Ihnen wohl langsam einzubürgern? Das wird Konsequenzen haben!"
Über der Tür zu unserem Büro hängt ein Schild mit folgender Aufschrift: „Die Damen und Herren werden gebeten, das Büro nicht früher zu verlassen, als sie gekommen sind!"
Einmal kam sogar unser Abteilungsleiter zu spät. Vorwurfsvoll sagte der Chef: „Herr Schulte, ich an Ihrer Stelle wäre gleich ganz zu Hause geblieben!" – „Verzeihen Sie, Herr Direktor", entgegnete Herr Schulte, „aber dann haben Sie ein wenig entwickeltes Pflichtgefühl!"
Mein Chef war immer schon komisch. Als ich damals meine Kaufmannsgehilfenprüfung bestanden hatte, bat er mich zu sich und sagte: „Liebe Sabine, da heute deine Lehrzeit beendet ist, werde ich nicht länger *du* zu dir

Wenn die Möglichkeit gegeben ist, dann richten Sie im Hintergrund mit ein paar Requisiten (Schreibtisch, Papierkorb, Stuhl, Telefon etc.) ein Büro ein. Falls das nicht möglich ist, genügen ein paar Ordner und eine Kaffeetasse als Requisiten.

sagen. Du brauchst jetzt nicht mehr jeden Morgen Staub zu wischen. Das werden *Sie* von jetzt ab tun."
Sauer war er auch auf mich, als er mitbekam, dass ich mir während der Bürostunden die Haare hatte färben lassen. Ich wurde von ihm dann weiterbedient. Er hat mir ganz gehörig den Kopf gewaschen.
Ja, Arbeit ist schön! Man kann stundenlang zusehen. Für mich ist die Arbeit das einzige Vergnügen. Aber wir sind ja nicht nur zum Vergnügen auf der Welt. Sehen Sie, ich sage mir, lieber vormittags nichts tun als nachmittags arbeiten. Einmal sagte mein Chef zu mir: „Frau Müller, was Sie da machen, ist keine Arbeit, sondern Krankengymnastik. Deswegen bekommen Sie von mir auch kein Gehalt, sondern Schonbezüge."
Auf mich ist der Chef sowieso sehr schlecht zu sprechen. Und das kam so: Wir hatten mal wieder ein Betriebsfest. Der Chef hielt eine Rede, die mit folgenden Worten schloss: „Es lebe das Personal!" Da bin ich aufgestanden und habe mit lauter Stimme gerufen: „Wovon denn, Herr Direktor? Bei den miesen Gehältern?"
Unsere Chefsekretärin, die hat es besser. Die hat schon wieder eine Gehaltsaufbesserung bekommen. Der Hausmeister hat sie dann gefragt: „Frau Krause, wie machen Sie das nur?" Schnippisch erwiderte sie darauf: „Selbst wenn ich es Ihnen sagen würde, es würde Ihnen wohl kaum etwas nützen!" O ja! Unsere Frau Krause ist eine tüchtige Kraft. Sie hat zwei Berufe. Am Tage ist sie im Büro und schreibt zweihundert Fehler in der Minute. Und in der Nacht ist sie *Schriftstellerin*, da macht sie Geschichten.
Ein paar Monate nach dem letzten Betriebsausflug betrat Frau Krause tränenüberströmt das Büro des Chefs: „Herr Direktor", schluchzte sie, „ich komme soeben vom Betriebsarzt. Ich erwarte ein Baby." – „Na, na,

mein Kleines", tröstete sie der Chef, „so schlimm ist das ja auch nicht. Da wird eben geheiratet. Übrigens, wer ist denn der Vater?" Frau Krause wurde rot und meinte: „Genau weiß ich es nicht. Aber Herr Schulte ist es auf keinen Fall. Der war nämlich beim Betriebsausflug nicht dabei!"

Im Krankenhaus habe ich sie dann besucht. Sie machte sich große Sorgen. Ich habe sie getröstet und gesagt: „Frau Krause, beruhigen Sie sich doch wegen Ihrer Stellung. Im Büro hat noch kein Mensch gemerkt, dass Sie fehlen."

Man hat schon seine Last. Neulich kam ich dazu, wie ein junger Mann ein Lehrmädchen küsste. Ich rief ihm zu: „He! Sie sind hier zwar als Stift angestellt, aber nicht als Lippenstift."

Na ja, Geist hat der Bengel noch nie besessen, höchstens Weingeist. Kürzlich fragte ihn der Chef: „Na, Herr Maier, haben Sie heute schon etwas eingenommen?" Darauf grinste er: „Ja, zwei Spalttabletten."

Wenn man den jungen Mann arbeiten sieht, dann möchte man glauben, er habe die Zeitlupe erfunden. Der hat bei uns alles so durcheinander gebracht, dass wir ohne ihn gar nicht mehr fertig werden. Kürzlich habe ich ihn einmal gefragt: „Herr Maier, geht denn bei Ihnen überhaupt etwas schnell?" – „O ja", lächelte er unbeirrt, „ich werde immer sehr schnell müde!"

Bevor ich bei meinem Chef gelandet bin, hatte ich mich an das Arbeitsamt gewandt. Sachlich fragte mich der *freundliche* Vermittler: „Können Sie Englisch?" Ich strahlte: „Jawohl! Ich habe ein ganzes Jahr lang die englische Krankheit gehabt! Aber leider muss ich zugeben, dass ich in Steno und Schreibmaschine nicht besonders flott bin. Es wäre mir sehr lieb, wenn Sie einen Chef für mich hätten, der stottert."

Der Vermittler schüttelte den Kopf und meinte: „Bei der Schwanen-Wäscherei ist noch etwas frei, dort könnten Sie sofort anfangen." – „Ich möchte schon", zögerte ich, „aber das eine muss ich Ihnen sagen, ich habe in meinem Leben noch nie einen Schwan gewaschen."

Meiner Vorstellung fieberte ich förmlich entgegen. Ich stellte mich vor den Chef, fegte mit meinem rechten Arm alles restlos von seinem Schreibtisch herunter und sagte: „So, Herr Direktor, nun will ich erst mal Platz für meine Empfehlungsschreiben schaffen. Hier habe ich zum Beispiel eine Empfehlung vom Herrn Pfarrer." – „Ach", unterbrach mich der Chef, „haben Sie nicht eine von jemand, der Sie werktags beobachtet hat?" Dann meinte er noch: „Wir haben gegenwärtig nicht genügend Arbeit für eine neue Kraft." – „Ach, wenn es nur daran liegt", rief ich erfreut, „Sie glauben gar nicht, mit wie wenig Arbeit ich schon zufrieden bin."

Der nächste Chef, bei dem ich vorsprach, rückte seine Brille zurecht, lehnte sich in seinen Sessel zurück und sagte: „Ihre Vorgängerin musste ich leider entlassen. Die halbe Zeit hat sie im Dienst geschlafen. Glauben Sie, dass Sie die Dame ersetzen können?" Freudig erregt erwiderte ich: „Aber sicher doch, Herr Direktor! Schlimmstenfalls kaufe ich mir ein paar Schlaftabletten." Dann ergriff ich die Initiative, kramte alle Unterlagen hervor und sagte: „Oh, Verzeihung, da habe ich Ihnen wohl ein falsches Blatt gegeben. Das bin ich im Badeanzug. Dies hier sind meine Zeugnisse." Der Herr Direktor sah es mit Wohlwollen, meinte aber: „Warum haben Sie denn keinen Lebenslauf eingereicht, Frau Müller?" – „Ach, Herr Direktor", lächelte ich, „den kann ich Ihnen doch heute abend bei einem Glas Wein erzählen." Dann wurde er ernst und fragte: „Was hatten Sie sich denn als Gehalt gedacht?" Zögernd erwiderte ich: „Für den Anfang 3 500." Der Chef nickte: „3 500? Mit Vergnügen, Frau Müller." – „Oh nein", sagte ich bestimmt. „Mit Vergnügen mindestens 4 500." Daraus wurde dann nichts.

Endlich landete ich bei meinem jetzigen Chef. Als der mich wieder wegschicken wollte, begann ich einfach zu weinen. Daraufhin gab er nach. Welcher Mann kann schon eine Frau weinen sehen?

Kurz nachdem ich in der Firma angefangen hatte, durfte ich einen Überfall miterleben. Zwei maskierte Männer betraten unseren Kassenraum. Einer der Männer schrie: „Hinlegen, Überfall!" Alles ließ sich auf den Bauch fallen. Nur Frau Lieblich aus der Buchhaltung warf sich auf den Rücken. Ich sah das und rief ihr leise zu: „Frau Lieblich, Frau Lieblich, drehen Sie sich doch um. Das ist ein Überfall und kein Betriebsfest!"

Helau!

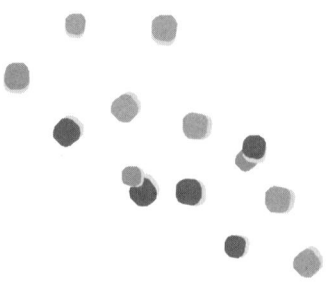

Von Männern und Frauen

Wir armen, armen Mädchen sind, ach, so übel dran. Ich wollt, ich wär kein Mädchen, ich wollt, ich wär ein Mann.

Meine Güte, wie oft habe ich mir das schon gewünscht. Wenn ein Mann viele Liebesabenteuer hat, dann ist er ein interessanter *Schwerenöter* und ein *Herzensbrecher*. Hat hingegen eine Frau viele Liebesabenteuer, dann ist sie ein *Flittchen*, ein *anormales Geschöpf*. Geht ein Mann gern und viel aus, dann ist er *lebenslustig*. Eine Frau ist im gleichen Fall *vergnügungssüchtig*. Heiratet ein Mann nicht, dann ist er ein *gescheiter Junggeselle*. Heiratet aber eine Frau nicht, dann ist sie eine *alte Jungfer*, die gerne heiraten wollte, aber keinen Mann bekam. Ein Mann um die fünfzig ist angeblich *in den besten Jahren*. Eine Frau im gleichen Alter ist *eine alte Schachtel*. Männer, die sich im Pensionsalter noch einmal verlieben, erleben den *zweiten Frühling*. Frauen in der gleichen Lage sind nach Meinung der anderen *mannstoll* und von der *Torschlusspanik* besessen. Wenn ein Mann mit der Faust auf den Tisch schlägt, dann ist das ein Beweis dafür, dass er die Hosen anhat. Bei einer Frau würde man sagen, sie ist streitsüchtig und hysterisch. Ein Mann, der keinen besonderen Wert auf sein Äußeres legt, ist *salopp gekleidet*. Eine Frau in der gleichen Lage *lässt sich gehen* und ist eine *Schlampe*.

Sehen Sie: Das Ankleiden ist für Mädchen im Alter von 15 Jahren eine Arbeit; für Frauen zwischen 20 und 30 Jahren ein Vergnügen, für Frauen über 40 aber eine Kunst. Eine Freundin sagte erst kürzlich zu mir: „Monika, wie reizend du wieder aussiehst, meine Beste! Was

Hier steht die „ganz normale" Frau im Mittelpunkt. Kostümieren Sie sich nach eigenen Vorstellungen.

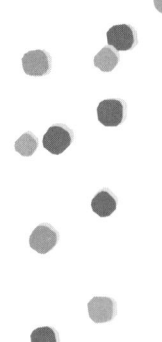

musst du für eine Mühe gehabt haben!" – „Nicht der Rede wert", gab ich höhnisch zurück, „dein Kleid ist übrigens auch reizend. Je öfter ich es an dir sehe, desto besser gefällt es mir."

Können Sie nun verstehen, warum ich gerne ein Mann sein möchte? Ein Mann, der in Gesellschaft nicht von der Seite einer Frau weicht, ist ein aufmerksamer und treuer Ehemann. Eine Frau, die das Gleiche tut, ist eine unbeholfene, dumme, eifersüchtige Gans. Man kann unzählige Beispiele aufführen, die beweisen, wie unendlich weit wir Frauen noch von der viel gerühmten *Gleichberechtigung* entfernt sind. Wie viele Männer geben das Geld leicht aus, ohne gleich schief angesehen zu werden. Das sind keine Hochstapler, sie sind auch nicht leichtsinnig, nein, sie sind großzügig. Eine Frau dagegen kann nicht wirtschaften und ist verschwenderisch. Ein Mann, der nur selten Geld ausgibt, ist kein Schotte, der ist auch nicht knauserig, nein, er ist ein treu sorgender Familienvater. Von der Frau würde man sagen: Die ist geizig, die sorgt nur für sich. Ein Mann, der viel redet, ist geistig rege, ein guter Unterhalter und über alles bestens orientiert. Was würde man in diesem Falle von einer Frau sagen? Diese Schnattergans, dieses Klatschweib geht mir auf die Nerven. Wenn die den Mund aufmacht, dann lügt sie, und wenn sie ihn zumacht, dann hat sie gelogen. Wie lange wollen wir uns das noch gefallen lassen?

Und überhaupt: Die Männer sind komische Burschen. Vor der Ehe tun sie, als wäre alles erlaubt und in der Ehe, als wäre alles verboten. Vor einigen Jahren hat mir doch so ein Knabe während der Eisenbahnfahrt den Geldbeutel gestohlen. Zur Bahnpolizei habe ich gesagt: „Als Dieb kommt nur der Herr in Frage, der mit mir im Abteil gesessen hat." – „Wo hatten Sie den Geldbeutel?", wollte der Beamte wissen. Empört antwortete ich: „Hier, in meinem Ausschnitt! Ich dachte, der Mann hätte ehrliche Absichten, Herr Schaffner."

Wir Frauen haben anständige Männer gern, aber an den Windhunden hängen wir mit abgöttischer Liebe!

In meiner Jugend hatte ich einen wirklich viel versprechenden Anfangserfolg: In vierzehn Tagen war ich schon zweimal verlobt. Meine erste Verlobung ging wegen meines Papageis in die Brüche. Er rief immer: „Gib mir noch ein Küsschen, Bernd!" Doch mein Verlobter hieß Stefan.

„Darf ich dich küssen, Monika?" fragte mich mein anderer schüchterner Verehrer. Ich aber schwieg. „Bitte, nur einen einzigen Kuss!", bettelte er weiter. Ich schwieg immer noch. „Bist du denn taub?", fragte der junge Mann schließlich. „Nein", erwiderte ich, „ich bin nicht taub, aber du scheinst gelähmt zu sein. Wer gut küssen kann, kommt ohne viele Worte durchs Leben."

In einem Monat musste ich dreimal den Verlobten wechseln, so unbeständig sind die Männer. Das beste Mittel für eine Frau, nicht an gebrochenem Herzen zu sterben, besteht darin, es stets nur in Bruchstücken zu verschenken. Davon habe ich reichlich Gebrauch gemacht! Einer war so wahnsinnig in mich verliebt, dass er mich am liebsten aufgefressen hätte. Ja, dem hatte der Doktor reizlose Kost verordnet.

Die Männer sind wie Zähne. Erst kriegt man sie unter Schwierigkeiten, und wenn man sie hat, bereiten sie Schmerzen und Ärger. Verliert man sie, hinterlassen sie eine große Lücke.

Wegen meines Mannes musste ich neulich auch den Arzt aufsuchen. Ich sagte: „Herr Doktor, ich mache mir Sorgen um meinen Mann. Manchmal kann ich stundenlang auf ihn einreden, um dann feststellen zu müssen, dass er überhaupt nicht zugehört hat." – "Liebe Frau", erwiderte der Arzt, "das ist doch keine Krankheit, das ist eine Begabung." Begabung nennen die Herren der Schöpfung das! Dass ich nicht lache! Wenn die Männer nur einen Bruchteil der guten Eigenschaften hätten, die sie sich andichten, dann wäre es ein Vergnügen, mit ihnen zu leben. Aber so, wie die Herren sich das denken, so geht es nicht, meine Damen! Wir dürfen uns das nicht gefallen lassen!

Erst kürzlich war ich beim Anwalt: "Mein Mann und ich wollen uns scheiden lassen, und zwar wegen Willensgleichheit." – "Wegen Willensgleichheit?", staunte der Anwalt. "Da brauchen Sie sich doch nicht scheiden zu lassen. Wenn beide Partner in der Ehe immer dasselbe wollen, dann geht die Ehe doch gut." – "Nein", sagte ich streng, "sie geht eben nicht gut. Die Willensgleichheit besteht bei uns darin, dass ich Herr im Hause sein will und mein Mann auch."

Mein Mann ist jetzt um die fünfzig und der zweite Frühling meldet sich stürmisch. Gestern abend ging er, eine geschäftliche Verabredung vorschützend, wieder allein aus. Ich war darüber sehr wütend und zischte: "Das eine sage ich dir: Wenn du mich betrügst, springe ich aus dem Fenster!" Erst heute morgen kehrte er heim. Ich stand am Fenster, als er den Garten betrat. Lächelnd winkte er zu mir hinauf und rief gut gelaunt: "Spring, Liebling, spring!"

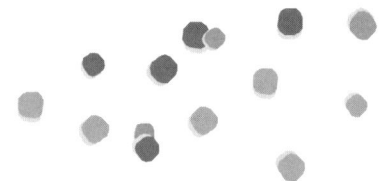

Die ambulante Wahrsagerin

Wie Sie mich hier so vor sich sehen, bin ich sozusagen das Opfer eines fundamentalanalytischen Irrtums. Sie meinen, eine Wahrsagerin dürfe sich nicht irren? Stimmt! Ich irre mich nie. Zumindest nicht in meinen Prophezeiungen.

Und gewissermaßen bin ich auch eher das Opfer der Wahrheit als des Irrtums. Das verhält sich so:

Da kam neulich ein gut aussehender Mann in den besten Jahren, also eigentlich schon mehr ein Herr, in meine Praxis. Ich habe ihn gleich wiedererkannt. „Sind Sie nicht einer von den beiden jungen Männern, die vor zehn Jahren zu mir kamen und sich aus der Hand lesen ließen?" Der Herr nickte nur. „Und hatte ich Ihnen nicht prophezeit, dass Ihnen eine steile Karriere in der Finanzdirektion bevorstünde und dass unter Ihrer Leitung die Gewerbesteuern auf 400 Prozent angehoben würden?" Er nickte wieder. „Damit haben Sie auch Recht behalten", meinte er dann. „Und jetzt bin ich zu Ihnen gekommen, um die rückständige Gewerbesteuer für die letzten Jahre in Höhe von 260000 DM einzutreiben." Da musste ich aber lachen. „Hören Sie, mit so profanen Dingen wie Geld beschäftige ich mich gar nicht; damit habe ich meinen Steuerberater, Dr. Schneiderlein, beauftragt", sagte ich. Der Finanzbeamte nickte zum dritten Mal. „Ich weiß", sagte er, „das ist der andere junge Mann, dem Sie vor zehn Jahren prophezeiten, dass er es zu unverdientem Reichtum bringen würde, mit dem er eines Tages die Bahamas genießen könnte." – „Und?", fragte ich. „Nun", antwortete er, „Dr. Schneiderlein genießt die Bahamas."

Die Wahrsagerin kommt im charakteristischen Kostüm, in der linken Hand die Glaskugel, in der rechten das Pendel, auf die Bühne.

Nutzen Sie zwischendurch Ihre Glaskugel, das Pendel und Ihre Hand.

Nach diesem Schreck brauchte ich erst mal etwas Hochprozentiges. „Dass es Sie selber betraf, konnten Sie wohl damals nicht aus seiner Hand lesen?", fragte mich der Finanzbeamte mit gespielter Anteilnahme. „Natürlich nicht!" sagte ich. „Der hatte sich nämlich in den Daumen geschnitten und trug ein dickes Pflaster. Mit dem Lesen seiner Handlinien musste ich vor der letzten Fortsetzung aufhören."

Kurz und schlecht: Ich musste meine Praxis aufgeben, um die Steuerschuld zu bezahlen, und jetzt bin ich eben hier – als ambulante Wahrsagerin.

Aber ich kann Ihnen sagen, als ambulante Wahrsagerin erlebt man vielleicht Sachen. Und ein Stress ist das, immer auf Jahrmärkten unterwegs, auf Weinfesten, bei Karnevalsvereinen. Da kann einem auch schon mal ein Missgeschick passieren. Nicht, dass Sie schon wieder denken, ich hätte mich geirrt. Nein. Ich irre mich nie. Aber da kam neulich ein junger Mann zu mir; ich nahm seine Hand und bekam gleich einen Schreck. „Junger Mann", sagte ich, „ich sehe ein schreckliches Ende Ihres Lebens voraus. Sie werden hinterrücks erschlagen, dann schneidet Ihnen jemand die Kehle auf und lässt Sie verbluten. Und anschließend wird Ihr Leichnam in kochendes Wasser ..." Da zog der Mann schnell seine Hand zurück und sagte: „Na, gute Frau, nun lassen Sie mich doch wenigstens erst mal meine schweinsledernen Handschuhe ausziehen!"

Wie gesagt, ich irre mich nie!

Manchmal bringt einen das Wahrsagen in ganz schön peinliche Situationen, kann ich Ihnen sagen. Kürzlich kam auf einem Wochenmarkt ein junges Mädchen zu mir und verlangte eine Iris-Analyse. Ich schaue der Kleinen also tief in die Augen und sage: „Ich sehe deutlich, dass ein junger Mann in Ihr Leben treten wird." Da war sie ganz glücklich. „Ist er groß und blond?", wollte sie wissen. „Nein, er ist eher klein und glatzköpfig", sagte ich. „Klein und glatzköpfig?", fragte sie entsetzt. Ich nickte. „Ja, so etwa 51 Zentimeter groß und acht Pfund schwer." Das Mädchen war so verwirrt, dass es gleich zu bezahlen vergaß. Tja, so sind die jungen Dinger von heute. Selbst meine eigene Tochter – was soll ich Ihnen sagen – drei Jahre hat sie sich nicht bei mir blicken lassen. Plötzlich stand sie wieder vor meiner Tür und verkündete heulend: „Mama, ich bin schwanger." Na prima, denke ich und frage: „Wer ist denn der glückliche Vater?" Da schaut sie mich völlig entgeistert an. „Aber Mama, das fragst du mich? Was meinst du wohl, warum ich zu dir komme?" Ja, da stehen Sie da, so als allein prophezeiende Mutter. „Na gut", meinte meine Tochter nach einer Weile, „achtmal darfst du raten!" – „Ach, du lieber Gott!", entfuhr es mir. „Falsch", sagte sie, „noch siebenmal."

Wir haben uns dann wieder mal so richtig ausgesprochen. Und nachdem diese Sache ausgestanden war, mietete ich mir einen Stand auf einem Mittelalter-Markt, wie sie jetzt im Sommer immer stattfinden. Da ist immer so viel Hokuspokus, viel Gaukelei und Zauberei, da kann es zu keiner peinlichen Situation kommen. Dachte ich jedenfalls. Bis diese junge Familie zu mir an den Stand kam. Der Mann wollte sich gleich aus der Hand lesen lassen. Prima Linien, alles trat klar zutage. „Sie werden bis ins hohe Alter gesund bleiben", sagte ich zu dem Mann, „und Sie werden viel Freude an Ihren beiden Kindern haben." Da unterbrach mich der Mann: „Da irren Sie sich aber, ich habe drei Kinder!" Und stolz wies er auf die drei Gören, die wie die Orgelpfeifen aufgereiht im Hintergrund standen. „Ich irre mich nie!", sagte ich. „Sie haben zwei Kinder und lei-

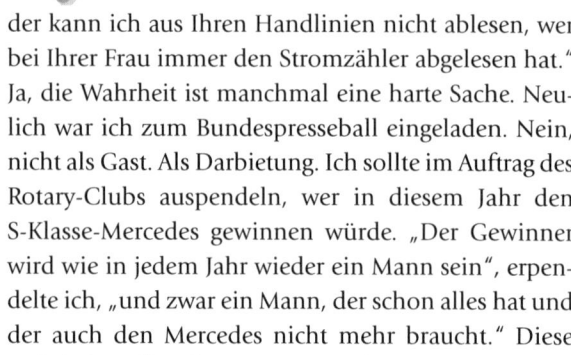

der kann ich aus Ihren Handlinien nicht ablesen, wer bei Ihrer Frau immer den Stromzähler abgelesen hat."
Ja, die Wahrheit ist manchmal eine harte Sache. Neulich war ich zum Bundespresseball eingeladen. Nein, nicht als Gast. Als Darbietung. Ich sollte im Auftrag des Rotary-Clubs auspendeln, wer in diesem Jahr den S-Klasse-Mercedes gewinnen würde. „Der Gewinner wird wie in jedem Jahr wieder ein Mann sein", erpendelte ich, „und zwar ein Mann, der schon alles hat und der auch den Mercedes nicht mehr braucht." Diese Wahrheit wollte aber keiner so recht hören.
Ich kann nur von Glück sagen, dass ich nicht zu diesen neumodischen Hightech-Astrologen gehöre: Horoskop per Fax, computergestützte Aszendentenbestimmung, Handlesen auf Datex, Strichcode statt Kaffeesatz, Handauflegen im Flachbett-Scanner, Modulpendeln übers Internet. Danke, nicht mit mir! Wird ja alles immer teurer. Nein, bei mir wird die Wahrheit noch Auge in Auge gesagt. Auch wenns mal weh tut.
Jener jungen Frau zum Beispiel, der ich sagen musste, nachdem ich ihr die Karten gelegt hatte: „Gnädige Frau, Sie müssen jetzt aber sehr aufpassen, dass Sie kein Kind mehr bekommen." Sagte sie doch zu mir: „Wieso denn, mein Mann hat sich doch sterilisieren lassen." – „Ja, eben", sagte ich, „eben drum!"
Aber weiterbilden muss man sich natürlich. Da kommt man nicht drum herum. Auch als ambulante Wahrsagerin besuche ich regelmäßig die einschlägigen Fachkongresse. Schon um die Kollegen alle mal wiederzutreffen. „Weißt du", sagte neulich einer zu mir, den ich schon sehr lange kenne und der mit seinen Prophezeiungen sehr oft daneben liegt, „weißt du, ich kann jetzt auch in die Zukunft sehen." – „Seit wann?", fragte ich ihn. „Seit übermorgen."

Und was es so für Themen gibt auf den Kongressen! Hochinteressant! Richtige Koryphäen sprechen da – man kommt sich richtig mickrig dagegen vor. Und alles streng wissenschaftlich. Das Verhältnis von Orgasmushäufigkeit und Orgasmusdauer bei stiergeborenen Frauen mit Aszendent Wassermann in der Partnerschaft mit dem Widdermann Aszendent Steinbock unter besonderer Berücksichtigung des Vaterkonflikts bei latent homosexueller Objektwahl, verursacht durch dessen ödipale Traumatisierung, wenn der Mars im siebten Haus steht. Haben Sie was verstanden? Also, ich auch nicht. Als ich in dem Alter war – also, wie soll ich sagen –, da hieß das noch schlicht und einfach: „Machs mir härter, Liebling!"

Aber nützlich sind solche Kongresse doch. Man kann dann wirklich besser in die Zukunft sehen. Und deshalb bin ich ja eigentlich hier.

Sie wollen also wirklich wissen, was Ihnen die Zukunft bringt? Also gut. Dann will ich 's Ihnen sagen: „Am Aschermittwoch ist alles vorbei."

Die Regieassistentin

Die Regieassistentin kommt, bekleidet mit berufsgemäßer Lederweste, Schirmmütze und Megaphon, auf die Bühne, auf der noch das Präsidium sitzt.

(Regieassistentin spricht durchs Megaphon zum Publikum) Achtung! Die Kleiderständer ... *(räuspert sich)* Kleindarsteller für den Fastnachtsspot bitte zum Set! Und in Kostüm und Maske! *(setzt das Megaphon ab und wendet sich dem Präsidium zu)* Was machen die denn hier? *(geht neugierig auf das zunächst sitzende Präsidiumsmitglied zu, dann laut durchs Megaphon)* Runter vom Set! *(Die Herren erschrecken und gehen ab; Regieassistentin wieder zum Publikum)* Sehen Sie, so muss ein Megaphon aussehen, dann klappts auch mit dem Nachbarn!

Können wir dann langsam mal? *(Licht verändert sich)* Was ist denn jetzt wieder mit dem Licht? Ach, Kinder! Aber so ist das ja immer beim Film. Die längste Zeit seines Lebens wartet der Regisseur vergebens. Und wer ist schuld? Natürlich immer die Regieassistentin.

Mal sind alle Kleindarsteller postiert, das Licht stimmt, Ton läuft, Kamera läuft, aber der Schauspieler bleibt stumm, weil er den Text vergessen hat. Oder alles läuft und plötzlich kommt ein Handwerker mit einer Leiter zum Set und fängt an, die Dekoration abzubauen. Aus! Oder alles ist im Kasten, der Regisseur ruft „Cut!" und der Tonmeister antwortet „Ton lief nicht mit!".

Aber es kann noch schlimmer kommen. Ich sage nur: Statisten. Das kommt nicht von Statistik, obwohl statistisch erwiesen ist, dass die meisten grauen Haare auf dem Haupte einer Regieassistentin den Statisten zu verdanken sind. Nein, das kommt von Statik. Was Statik ist, wissen Sie ja. Steht im Lexikon. „Teilgebiet der Mechanik, auf dem man sich mit dem Gleichgewicht von Kräften an ruhenden Körpern befasst." An ruhenden

Körpern. Deshalb werden Statisten auch sehr häufig dafür verwendet, Leichen darzustellen. Gewissermaßen *Ruhe-sanft-Körper*. Neulich assistierte ich einem Regisseur bei einem Mantel-und-Degen-Film. Als die Musketiere die Gardisten des Kardinals gerade schön zur Strecke gebracht und zu malerischen Leichenbergen drapiert hatten, brüllte der Regisseur plötzlich: „Aus! Aus! Aus!" und tobte wild herum: „Nicht nur, dass der Hauptdarsteller niest; jetzt rufen diese blöden Leichen auch noch „*Wohlsein!*"

Und wer war wieder schuld? Natürlich die Regieassistentin.

Bei historischen Filmen kann man überhaupt was erleben. Da soll ja alles möglichst originalgetreu sein. Neulich assistierte ich bei einem Historienschinken, irgendwas mit Römer gegen Germanen. Ich kann Ihnen sagen, da ging es ziemlich lustig zu. Auf einmal hörte ich wieder dieses gefürchtete „Aus! Aus! Aus!" und sah den Regisseur auf einen Statisten zulaufen. Er riss dem armen Kerl fast den linken Arm aus, schüttelte ihm das Handgelenk und fragte drohend: „Was ist das?" Meinte der Statist ganz harmlos: „Eine Armbanduhr." Ich dachte, jetzt explodiert der Regisseur gleich: „Sind Sie wahnsinnig! Wir drehen hier einen künstlerisch wertvollen Film über den Untergang des Römischen Reiches und Sie tragen eine Armbanduhr!" Darauf der Statist in Seelenruhe: „Aber sie hat doch römische Ziffern." Und wer war wieder schuld? Natürlich die Regieassistentin. *(nach hinten)* Wird das heute noch mal was mit dem Licht?

Man ist ja als Regieassistentin Mädchen für alles. Vor allem muss man den Regisseur bei Laune halten. Dafür sorgen, dass der Regiestuhl an der richtigen Stelle steht, dass der Herr die Seiten im Drehbuch nicht verblättert,

dass er nach seinen unausweichlichen Tobsuchtsanfällen ein Glas kühle Milch zu trinken bekommt und dass die enormen Rechnungen, die er abends im Gasthaus macht, von der Produktionsfirma als Betriebsausgaben verbucht werden. Daher kommt wahrscheinlich auch das Wort Milchmädchenrechnung.
Ich bin zwar froh, dass ich ein Mädchen bin – aber für alles ... Alles hat schließlich seine Grenzen! Guckt mich doch mein Regisseur neulich nach Drehschluss mit solchen Kalbsaugen an und raspelt Süßholz: „Schön, dass ich wieder so eine hübsche Assistentin in meinem Team habe." Darauf ich: „Manche Frauen sollen ja ganz scharf drauf sein, unter Ihnen arbeiten zu dürfen." Meint er säuerlich lächelnd: „Tja, erst die Arbeit, dann das Vergnügen!" Erwidere ich: „Dass es ein Vergnügen war, hat allerdings bisher keine behauptet." Da war er ganz schön sauer. „Aber Schätzchen, wir könnten zusammen einen Oscar bekommen!" Habe ich geantwortet: „Mein Sohn ist zwölf und meine Tochter zehn, die sind jetzt aus dem Gröbsten raus. Noch mehr Kinder will ich nicht."

Die Augen weit aufreißen und die Mimik mit den Händen gestisch unterstützen.

Da hatte ich erst einmal Ruhe.
Die Mädels rennen dem hinterher, kann ich Ihnen sagen. Erst neulich lauerte so ein junges Ding in den Kulissen auf ihn, stolperte natürlich und fiel planmäßig vor ihm hin, wobei sie es ganz geschickt anstellte, im Fallen noch das Röckchen hochzuzupfen. Sah ganz possierlich aus: Stolpern, Fallen, Zupfen und „Huch"-Sagen. Mein Regisseur spielte natürlich den Kavalier, hob sie auf und fragte: „Darf ich mir erlauben, Sie heute Abend zum Essen einzuladen?" Darauf lispelte die Kleine entzückt: „Aber, das steht doch ganz bei Ihnen!" Da konnte ich mich nicht mehr beherrschen und platzte dazwischen: „Sie meinen wohl, das hängt ganz von

ihm ab!" – Mann, war der sauer! Sogar eine kühle Milch verwandelte sich vor Schreck in Quark.

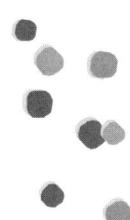

Manchmal wird es ihm allerdings zu bunt mit den Mädels. Wer ist dann schuld, wenn er bei seinen Verabredungen nicht mehr durchblickt? Natürlich die Regieassistentin. Ich muss ihm die Damen dann vom Halse halten. Gar nicht so einfach. Kommt doch neulich so eine seltsam zurechtgemachte Dame – also, Sie müssen sich das mal vorstellen: Designerbrille von Colani und Rüschenbluse von Hertie und im gesamten Erscheinungsbild eine Kreuzung aus Kommunionkind und Kampfhund – kommt die also auf mich zugerauscht: „Ich muss sofort Herrn Dingenskirchen sprechen!" – „Das ist leider nicht möglich!", sage ich. „Erlauben Sie mal, ich bin seine Frau!" – „Aha", sagte ich, „Sie sind heute schon die dritte." Sie ließ sich aber nicht abweisen. „Sie können wirklich nicht zu ihm rein!", rief ich ihr hinterher, „Herr Dingenskirchen hat gerade eine Inspiration!" Darauf sie: „Soll er doch 'ne Aspirin nehmen, dann geht sie wieder weg." Hab ich versucht, es ihr anders zu erklären: „Nein, ich meine, Herr Dingenskirchen wird gerade von der Muse geküsst." Meint sie erbittert: „Na, das Flittchen kann was erleben, mit meinem Mann rumzuknutschen."

Aber am schlimmsten sind die Stars. Die leisten sich Dinger, die könnte kein Klatschreporter erfinden. Die Leute denken ja immer, die Schwierigkeit beim Film wäre, genügend Stars zusammenzubringen. Dabei ist das Problem gerade, sie wieder auseinander zu bringen, wenn sie sich in den Haaren liegen.

Höre ich neulich aus den Künstlergarderoben zwei kreischende Frauenstimmen. „Du dumme Pute", kräht die eine, „du bist ja so dämlich, dass du nicht mal weißt, wer deine Mutter ist, wahrscheinlich war sie eine

Straßendirne." Darauf keift die andere Stimme zurück: „Rede nicht so schlecht von meiner Mutter, vielleicht bist du es ja."
Kaum hatten die sich beruhigt, geraten auf dem Weg ins Atelier wieder zwei Damen aneinander. „Oh, ich habe jüngst Ihre Memoiren gelesen", sagt die eine, „sehr nett, ich wusste gar nicht, dass Sie schreiben können." Meint die andere pikiert: „Schön, dass Ihnen das Buch gefallen hat. Wer hat es Ihnen denn vorgelesen?"
Kurz darauf fragt mich der Regisseur, wo die Hauptdarstellerin bleibt. Ich also in die Garderobe, da sitzt sie ratlos vor dem Spiegel und fragt mich: „Sagen Sie mal, liebes Kind, wie schminkt man sich eigentlich alt?" Habe ich die Nerven verloren und geantwortet: „Das ist ganz leicht, Frau Scherben, einfach das Make-up Schicht für Schicht abtragen."
Na, da war wieder was los. Und wer war schuld? Die Maskenbildnerin! Ist ja kein Wunder, dass die Filmstars immer jünger werden – bei den Fortschritten der modernen Kosmetikindustrie. Manchmal kommt das dann selbst den halbwüchsigen Töchtern komisch vor. Hat doch neulich die siebzehnjährige Tochter unserer Hauptdarstellerin gesagt: „Mutti, du wirst zwar vor jedem Pressetermin ein paar Jahre jünger; aber überleg mal: Solltest du nicht zwischen deinem und meinem Geburtstag wenigstens einen Abstand von neun Monaten lassen?"
Es passiert ja immer häufiger, dass die Stars ihre Gören mitbringen. Die sitzen dann hinter den Kulissen und tauschen Erfahrungen aus. Na ja, manchmal nicht nur Erfahrungen. Früh schnäbelt, was einmal ein Star werden will. Neulich hab ich mal zwei solche Schauspielerkinder belauscht. „Wie findest du denn eigentlich deinen neuen Papa?", fragte der eine. „Ach, so weit ganz

okay." – „Fand ich auch", meinte da der erste wieder, „ich hatte ihn voriges Jahr."

(Licht verändert sich) Na bitte, geht doch. *(nach hinten)* Herr Dingenskirchen, wir können jetzt drehen! Was sagen Sie, Herr Dingenskirchen? Ihnen ist seit Wochen nichts Vernünftiges mehr eingefallen? Ja, diesen Film habe ich erst vorige Woche im Fernsehen gesehen, Herr Dingenskirchen.

(zum Publikum) Apropos: Was ist das, wenn in … ein Regisseur mit seinem Team in eine Kneipe kommt? Ein Regieeinfall.

(durchs Megaphon) Alles auf die Plätze! Ton ab! Kamera ab! Klappe! Und Äktschn!

(Musik und ab)

Kommt hierher, Mädels

Mädels, lasst euch dieses sagen,
Missmut in den tollen Tagen,
Arbeitsstress, ein schwerer Kopf
sind überflüssig wie ein Kropf.

Wenn der Stress beginnt am Morgen,
fangen auch schon an die Sorgen:
Töchterchen blockiert das Bad,
Sohnemann find't Aufstehn fad,
der Göttergatte will noch schnarchen
(schläft bis zum Herbst des Patriarchen) –
litt die Familieneintracht sehr,
lasst alles liegen, kommt hierher!

Ist am Morgen wieder Stau
auf allen Straßen, und genau
wie an jedem Morgen droht
die nächste Ampel schon mit „Rot",
ist vorm Büro zu guter Letzt
jeder Parkplatz schon besetzt –
macht euch damit den Tag nicht schwer,
lasst alles liegen, kommt hierher!

Bricht der Chef gleich Streit vom Zaune,
hat er furchtbar schlechte Laune,
weil am Umsatz was nicht stimmt,
(wird Zeit, dass der mal Urlaub nimmt,)
schmeckt der Kaffee ohne Süße
echt wie eingeschlaf'ne Füße –

fällt die Arbeit heute schwer,
lasst alles liegen, kommt hierher!

Sind die Kollegen im Büro
(manchmal so und manchmal so)
nur heute mal besonders pampig,
war die Putzfrau wieder schlampig,
und liegt nichts am rechten Fleck,
ist der Taschenrechner weg –
wiegt der Ärger sonst auch schwer,
lasst alles liegen, kommt hierher!

Kommt der Jüngling aus Haus drei
heute wieder mal vorbei,
um uns Mädels anzumachen
(der sagt so galante Sachen,
manchmal kriegt man weiche Knie;
der Ehemann sagt sowas nie) –
fällt Widerstehn auch heut sehr schwer,
lasst alles liegen, kommt hierher!

Schmeckt das Essen, das wir kriegen,
wieder mal wie Schitt mit Fliegen,
ist der Nachtisch Gelatine,
Schlangenfraß à la Kantine,
ist der Kaffee wieder heller
als ein frisch gespülter Teller –
schreit der Magen auch nach mehr,
lassts zurückgehn und kommt her!

Geht im Büro – wer mag das schon –
fortgesetzt das Telefon,
rufen Kunden aus Burundien
ständig an, sich zu erkundi'en,

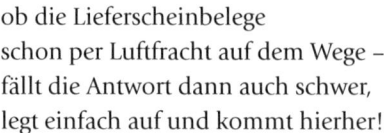

ob die Lieferscheinbelege
schon per Luftfracht auf dem Wege –
fällt die Antwort dann auch schwer,
legt einfach auf und kommt hierher!

Kommt Kollege Schnickenrieder
gerade aus dem Urlaub wieder,
schwärmt von prallen Frauenbrüsten
an diversen Südseeküsten
und reißt dauernd blöde Witze
und hält seinen Charme für Spitze –
fällt Beherrschung dann auch schwer,
hört nicht hin, kommt einfach her!

Und die gut gelaunte Susi,
die dem Chef ist sein Gespusi,
protzt mit neuen Goldgeschmeiden,
die sie an den Händen beiden
trägt – die passen so zu ihr
wie'n Auerochs auf ein Klavier –
fällt das Lächeln dann auch schwer,
schaut nicht hin, kommt einfach her!

Naht dann bald der Feierabend,
der erquickend ist und labend,
naht auch Kollege Gotthart Kramm –
der ist heut besonders klamm –,
um die Runde anzupumpen;
ach, wer ließe sich da lumpen –
fällt das Zahlen auch sehr schwer,
lasst ihn stehn, kommt einfach her!

Wenn wir schon beim Zahlen sind:
Das Finanzamt kriegte Wind

von den Nebenbei-Geschäftchen,
die das Konto etwas kräft'gen,
und schrieb einen harschen Brief;
da sinkt der Mut gleich extra tief –
schenkt dem Finanzamt kein Gehör,
lasst es warten, kommt hierher!

Wenn ihr in der Schlange steht
und es gar nicht vorwärts geht,
weil so'n Depp sucht an der Kasse,
wo er denn sein Geld gelasse,
und die Butter schmilzt im Wagen,
und die Wut staut sich im Magen –
fällt der Einkauf noch so schwer,
lasst alles liegen, kommt hierher!

Klebt am Auto dann ein Brief,
weil die Parkuhr ab schon lief:
„Drei Minuten überschritten,
zwanzig Demark, darf ich bitten",
haben alle Politessen
heute den Humor vergessen –
fällt das Lachen noch so schwer,
lasst alles liegen, kommt hierher!

Ist beim lieben Ehemann
wieder Kegelabend dran,
steht der Müll noch wie am Morgen,
auch Getränke zu besorgen,
hat der Liebste glatt vergessen,
und im Kühlschrank nichts zu essen –
knurrt der Magen noch so sehr –
lasst ihn knurren und kommt her!

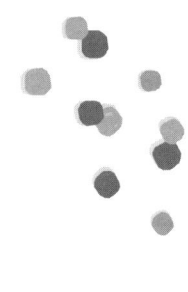

Sind die Kinder ausgeflogen
und zur Dance-Night abgezogen,
hat die Miezekatz kein Futter,
denn beim Einkauf – Gott, die Butter! –
ward auch dieses glatt vergessen,
muss sie Trockenfutter fressen –
ist ja alles kein Malheur,
lasst alles liegen, kommt hierher!

Mädels, fühlt euch nicht geneppt,
hier ist mein Geheimrezept:
Lasst die Arbeit stehn und liegen
und 'ne bunte Kuh heut fliegen!
Der Göttergatte kegelt und
die Kinder tanzen sich gesund –
wieso fällt die Entscheidung schwer?
Lasst alles stehn und kommt hierher!

Wir feiern hier die tollen Tage,
machts Beste doch aus eurer Lage,
nicht jeden Tag, ich geb euch Brief
und Siegel drauf, geht so viel schief,
dass man mit reinlichstem Gewissen
sich sagen sollte – drauf geschissen!
Drum macht euch doch den Kopf nicht schwer,
schmeißt alles hin und kommt hierher!

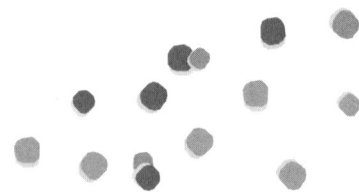

Die Frau von 40 Jahren

Seht mich nur an, wie ich hier steh,
ich bin jetzt schon 40 und immer noch schön!

Wir Frauen von 40, das hat man erkannt,
sind rumdherum sexy und haben auch Verstand!
Wir haben die Schwächen der Männer entdeckt,
in der Küch' und im Schlafzimmer, da sind wir perfekt!
Wir trinken keinen Schnaps, wir leben gesund!
An uns gibts keine Ecken, da ist alles rund!
Zum Abnehmen brauchen wir keine Kur!
Wir haben das nicht nötig mit unserer Rubens-Figur!

Kein Wunder, wenn die Männer so auf uns stehn!
Wir Frauen von 40 sind halt immer noch schön!

Mit 40, da wird sich auch nicht mehr geziert.
Die Jahrgäng' sind meistens schon emanzipiert!
Das hat unser Selbstbewusstsein wohl gestärkt!
Nur die Männer, die haben das bis heut nicht bemerkt!
Wenn die spät abends aus der Kneipe heimkommen,
sind sie schlecht gelaunt und tun nur noch brummen!
Da sagen wir kein Wort! – Die kluge Frau schweigt!
Wir haben unsre Gewerkschaft! Da wird halt gestreikt!

Nach 4 Tagen, ihr Frauen, das wissen wir doch,
kommen die Brüder auf den Knien angekroch'!
Und spätestens dann, das merken die glatt,
das Schönste ist immer das, was man hat!
Denn wir haben Erfahrung, das muss man verstehn,
wir Frauen von 40 sind immer noch schön!

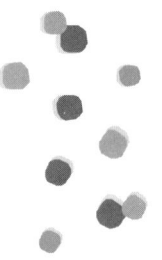

Wir Frauen tun Haus und Hof verwalten!
Haben noch keine Runzeln und auch keine Falten!
Ein ganzer Industriezweig ist heut erblüht,
der sich um die Schönheit von uns Frauen bemüht!
Wir Frauen sind gegen das Alter immun,
weil wir für die Schönheit doch alles tun!

Wir haben unsere Mittel und die sind nicht umsonst!
Die tun wir benützen, das ist doch keine Kunst!
Wir haben Puder, Creme und französisches Parfüm!
Damit wir gut riechen, tun wir Spray ans Kostüm!

Bevor wir ins Bett gehen – so ganz im Vertraun,
machen wir uns eine Maske von Gurken auf die Au'n!
Am anderen Tag tun die Männer uns beneide,
wir haben nämlich 'ne Haut wie Samt und wie Seide!
Da kommen wir an wie Sofia Loren!
Wir Frauen von 40 sind halt immer noch schön!

Wenn wir uns – ihr Frauen – mal richtig vergleichen
mit den Mannsleut, die jetzt erst die 40 erreichen;
dann zählen die Brüder doch schon zu den Alten!
Sie haben all' Wehwehchen und das Gesicht
                                voller Falten!
Sie riechen nach Schnaps, Zigaretten und Rauch;
dann werden sie rund und bekommen 'nen Bauch!
Sie verlieren die Haar' und schmatzen am Tisch!
Ohne uns Frauen wären die doch überhaupt nix!

Was haben wir mit denen eine himmlisch Geduld.
Die sind an ihr'm Elend doch selber schuld!
Der Adam im Paradies, das ist doch der Fluch,
der war doch dem Herrgott sein erster Versuch!

Und meistens, so ist es doch im Leben,
der erste Versuch geht immer daneben!

Nach der, wie wir wissen, sehr schwachen Leistung,
da kam unserm Hergott erst die Erleuchtung!
Und in dieser Phase, das weiß man heut genau,
hat er 's nochmal versucht und erschuf die Frau!
Der Versuch war dann Klasse,
drum sind wir Frauen von 40 'ne tolle Rasse!

Wir ziehen uns an, wir machen uns chic!
Wir sind zwar ein bisschen mollig – aber nicht dick!
Das ist bei uns doch nur der Babyspeck;
denn mit 40 ist der noch lange nicht ganz weg!
Dafür sitzen an uns, das ist doch kein Schand',
die Blusen und Jeans auch immer schön stramm!
Was man da an uns sieht, das steht doch wohl fest,
an Frauen von 40, da ist alles noch echt!

Alle anderen Männer, die merken das fix,
nur bei unsern zu Haus, da rührt sich nix!
Ich mach mich abends immer schön und adrett
und zieh ein Negligé an für ihn im Bett!
Da liegt dann mein Männchen, der alte Ganove,
die Augen zu und tut, als würd er schlofe!
Der traut sich noch nicht mal zu gucken – das ist doch
                              kein Sünd!
Der ist nicht nur alt – der ist auch noch blind!
Das soll heut ein Mensch noch verstehn!
Wir Frauen von 40, ei, wir sind doch noch schön!

Wir fahren in Urlaub im Sommer alljährlich,
da leben wir Frauen von 40 gefährlich!

Wenn wir im Bikini am Strand uns zeigen,
tut manch andre uns um unsre Reize beneiden!
Wir haben was zu bieten, da kommt was raus!
Ei, sehen wir denn nicht wie die Teenager aus?
Die Männer, die da am Strand rumsitzen,
die kommen von unsrem Anblick ins Schwitzen!

Ich war eines Abends, die Nacht war so klar,
mit meinem Mann am Strand an der Bar.
Da kommt so ein Playboy, ein ganz ausgekochter,
und fragt: „Verzeihung, mein Herr, ist das Ihre Tochter?
Ich such nämlich 'ne Frau, die so aussieht wie sie!
Wenn ich die nicht finde, dann heirat ich nie!"
Mein Mann war geschockt, seitdem ist der klein!
Und lässt mich niemals mehr fahren in den
                                        Urlaub allein!

Wir Frauen von 40 sind immer noch fit,
wir sind noch aktiv und machen alles überall mit!
Vor allem in der Fastnachtszeit,
nur aus Spaß an der Freud!
Dann stehn wir mit heiterer Miene
als Fastnachtsjecken vor und hinter der Bühne!
Jed' Dekoration tun wir noch verschönen
mit unseren bunten, farbfrohen Tönen!
Was würden die Männer nur ohne uns machen?
Denn über die, da kann ja keiner mehr lachen!

Helau!

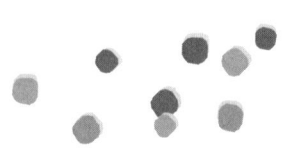

Eine selbstbewusste Frau

Uns Frauen nennt man, und das mit Recht,
schon ewig und immer das schöne Geschlecht!
Wir Frauen sind einfach herrlich gelungen,
erosdynamisch und locker geschwungen!
Guckt mich doch mal an, guckt richtig, ihr Leut,
guckt ruhig genau – aber bitte, kein Neid!

Der flammende Blick, exzellent das Profil,
die leuchtenden Zähne, so weiß wie Persil.
So adlig und niedlich die klassische Nase,
wenn ich mich betracht, komm ich in Extase!
Betracht' euch genau meinen samtenen Täng,
nur leider sind mir ständig mein' Kleider zu eng!
Zur Wahl der „Miss Merzig" will ich trotzdem hingehn;
denn ich kann mir net helfen – ich finde mich schön!

Dreimal die Woche geh ich zur Massage,
schmier täglich mir „Faltenfrei" in die Fissage,
zwanzig Kniebeugen, erst rauf und dann nieder,
trag von Triumph ein extra stark' Mieder!
Ich wandere täglich bis auf den Berg Ell,
rauf gehts zwar langsam, dafür runner ganz schnell.
Im Hallenbad schwimm ich rum wie ein Fisch,
so bleib ich gesund, stets knackig und frisch!

Darum auch alle Männer den Kopf nach mir drehn,
ich kann mir net helfen – ich finde mich schön!

Was finden Sie eigentlich an den Überschlanken?
Wär ich mal so dürr – ei, ich tät mich bedanken!

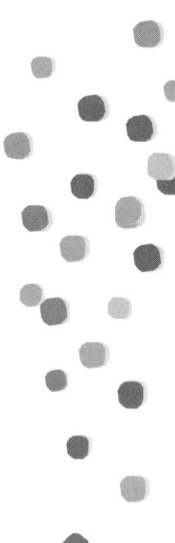

Jahre habe ich gebraucht, bis ich so war, wie ich bin,
und auf einmal soll dick nicht mehr Mode sein?
Die Dürren, die kann man getrost doch vergessen,
die sind doch ganz einfach zu faul nur zum Essen!

Die sollen doch ruhig in Modellkleidern gehen,
ich kann mir net helfen – ich finde mich schön!

Beim Schönheitswettbewerb vom Damenverein,
da hab ich gedacht, der Titel ist mein!
Ich wüsst nicht, wer mich da könnt übertrumpfen,
ich werf alles ab, sogar die alten Lumpen!
Ich kleid mich neu ein – alles der letzte Schrei!
Mein Schnuck bezahlt und ist glücklich dabei!
Ich lass mich noch knipsen beim Fotograf in der Stadt.
Ei, war der erstaunt, wie der mich gesehen hat.
Er knipst mich von vorne und dann von der Seit',
auf einmal, da schreit der: „Ach du liebe Zeit!"
Setzt sich auf 'nen Stuhl und springt wieder uff:
„Mein liebe Frau", sagt er, „sie sind nur halber druff!"

„Mit Ihnen, das wird nix! Sie sind nicht fotogen!"
Ich kann mir net helfen – ich finde mich schön!

Wenn ich mich so im Spiegel begucke,
bin ich ganz überwältigt und muss mich gleich hucke.
Ganz sicher, man sieht mir mein Alter nicht an;
jeder hält mich für zwanzig, das kann ich euch sag'n!
Ich trage mit Vorliebe Jeans und Ringelsocken,
wenn ich mich so zeige, bleibt kein Auge trocken.
Ich trage nur T-Shirts, möglichst schön straff,
mein Schnucki sagt nur, „Ei, was bist du für ein Aff!"

Er stöhnt, er habe schon Schöneres gesehn,
doch ich kann mir nicht helfen – ich finde mich schön!

Neulich, da war ich mal richtig in Fahrt,
sofort hab ich zu meinem Schnucki gesagt:
„Heut Abend, da führst du mich aus,
die ganze Woche daheim, das halt ich nicht aus!"
Ich mach mich auf Jugend, ich zieh mich doll an.
Wir ab in die Disco „Zum knackigen Mann"!
Die Musik fing an, niemand konnt mich mehr halten.
Ich fand an so 'nem Hiphop-Jüngling Gefallen!
Ich zerr den auf die Tanzfläch', eh der sich versieht,
probier ich mit dem gleich den neuesten Schritt.

Der sieht mich bloß an und fängt an zu stöhn'.
Ich kann mir nicht helfen – ich finde mich schön!

Heut Abend, da bin ich so richtig in Schwung,
so ein lustiger Tag macht uns all wieder jung!
Bei Trauer und Trübsal, da tu ich gern passen,
Die Flitschen kann man ja immer noch hängen lassen!
Vorläufig sind wir noch all jung und schön,
ich hab hier jedenfalls noch keine Oldies gesehn!
Ab fünfzig, sagt meiner, gehört jede Frau erschoss',
ab fünfzig, da wär mit uns nichts mehr los!
Wir würden dann schlampig, müd und auch blass.
Lauter so Dinger hat der losgelass'!
Das lass ich dir nicht durchgehen, hab ich geröhrt.
Der Kerl ist doch verrückt, der ist doch verstört!

Wenn ich dem nicht gefall, dann kann er ja gehen,
denn ich bleib dabei – ich finde mich schön!

Zwei gute Freundinnen

Amei und Gret sind angezogen wie feine Damen, sie wirken in den eleganten Sachen jedoch wie „verkleidet". Gret kommt völlig erschöpft und derangiert auf die Bühne, wo Amei schon auf sie wartet.

Amei: Hallo, Gret! Ja sag mal, wie siehst du denn aus!? Du machst ja so einen müden Eindruck! Ist dir der Sonntag nicht bekommen?

Gret: Doch! Ich war sogar beim Pferderennen. Und wie ich mir die Pferde im Stall angesehen hab, ist mir meine Handtasche runtergefallen.

Amei: Ja, davon kannst du doch nicht so müde sein?

Gret: Und ob! Denn wie ich mich nach meiner Handtasche␣bück, kommt so ein kurzsichtiger Jockey und wirft mir 'nen Sattel über.

Amei: Und was hast du gemacht?

Gret: Ach, bloß den dritten Platz! – Aber stell dir vor, ich hab vier Hufeisen gefunden, was das wohl bedeuten soll?

Amei: Ist doch klar! Jetzt läuft irgendwo ein Pferd barfuß rum! Also, ich hab mir am Sonntag „Tannhäuser" angesehn!

Gret: So? Ich wusste ja gar nicht, dass du bauen willst!

Amei: Von Kultur und Kunst hast du ja noch nie 'ne Ahnung gehabt, Gret! Also ich steh ja unheimlich auf Mozart!

Gret: Ach, hör doch auf, du mit deinem Mozart. Das einzig Gute, was der je geschrieben hat, ist doch „Tristan und Isolde".

Amei: Tristan und Isolde? – Aber, Gret, meine Gret! Das ist doch von Wagner!

Gret: Na siehste, noch nicht mal das hat dein Mozart hingekriegt! Aber sag mal, wenn du so in der Kunst bewandert bist, dann kennst du doch ganz bestimmt auch Beethovens „Neunte"?

Amei: Ja, natürlich kenn ich die!

Gret: Jetzt sag nur noch, der hätte das Weib geheiratet?

Amei: *(Amei verdreht die Augen.)* Nein, die „Neunte" ist ein Musikstück. Aber wenn wir schon mal beim Thema Kunst sind, was hältst du denn von Shakespeare?

Gret: Ehrlich gesagt, ich trink lieber Karlsberg-Bier! Oder noch lieber 'nen guten Wein! – Übrigens, Amei, mein Sohn hat 'ne neue Freundin! Die ist ein Zwilling!

Amei: So!? Und wie kann er die dann von dem anderen Zwilling unterscheiden?

Gret: Oh, ganz einfach! Ihr Bruder hat einen Bart!

Amei: Wieso hat denn dein Sohn eine neue Flamme? Ich denk, die Sache mit dem Lisabeth war ernsthaft?

Gret: Ja schon, aber das war nicht das Richtige. Das Lisabeth war ihm auf die Dauer zu kostspielig!

Amei: Wieso? Was heißt denn kostspielig, Gret? Hat sie zu hohe Ansprüche gestellt?

Gret: Ja, denk dir, das Mädchen wollte immer Geld. Die war unersättlich, Amei. Morgens wollte sie Geld, mittags Geld und abends wollte sie auch noch Geld!

Amei: Ja, was hat die denn mit dem vielen Geld gemacht?

Gret: Kann ich dir nicht sagen, mein Sohn hat ihr ja keins gegeben!

Amei: Siehst du, ich sag ja immer: Es gibt keinen Unterschied zwischen einer Jungfrau und einer Hausfrau! – Beide sehnen sich nach dem Ersten!

Gret: Du, Amei, hättest du keine Lust, mit mir zusammen in Urlaub zu fahren?

Amei: Lust hätt ich schon – aber kein Geld.

Gret: Och, ich wüsste schon, wo wir zwei ganz billig Urlaub machen könnten.

Amei: So? Wo denn?

Gret: An der Nordsee!

Amei: Du spinnst wohl! Gerade dort ist es doch sehr teuer. Die haben doch nur gesalzene Preise. Das kann ich mir nicht leisten.

Gret: Wir könnten dort einen Job annehmen und damit unseren Urlaub finanzieren.

Amei: Das wird ja immer schöner. Ein Job? Vielleicht noch als Klofrau!

Gret: Nein, doch nur einen ganz leichten, angenehmen Job!

Amei: Ah so, ein ganz leichter Job? Und als was bitte soll das sein, wenn ich fragen darf?

Gret: Wir beide jobben als NA–NA–GIRL!

Amei: Als was?

Gret: Ja, du hast richtig gehört. als NA–NA–GIRL! – Wenn es abends dunkel wird, gehen wir zwei von Strandkorb zu Strandkorb und sagen: „Na, na, – das dürfen Sie aber nicht tun!"

Amei: Unsinn! Dafür gibt uns doch niemand Geld! – Du, Gret, meine Schwester hatte doch 'ne Menge Annoncen aufgegeben, Heiratsannoncen! Erfolg gleich Null!

Gret: Wieso? Ich denk, die hat jetzt einen Bräutigam?

Amei: Ja! Aber das ist doch die Null!

Gret: Hat denn der Bräutigam von deiner Schwester wenigstens einen ordentlichen Beruf, der ein bisschen was hermacht?

Amei: Ja! Der ist Deckoffizier bei der Marine!

Gret: Donnerwetter! – Ich hab ja gar nicht gewusst, dass die Marine ein eigenes Gestüt hat! Da hat sie 's doch aber wirklich gut getroffen.

Amei: Na, wenn du es so siehst. – Also, ich muss ja sagen, ich hab überhaupt keine Probleme mit den Männern. Ich erobere jeden Mann im Sturm!

Gret: So? Und was machst du bei schönem Wetter?

Amei: Da! Da! Sieh doch! Da hinten hat mich schon gerade wieder einer angelacht!

Gret: Ist ja gut, ich glaub dir ja. Wie ich dich zum ersten Mal gesehen hab, da musste ich auch lachen!

Amei: Weißt du, es gibt fünf Stellen, wo ich mich mal gerne von einem Mann küssen lassen würde.

Gret: Oh, là, là! Und wo sind die?

Amei: *(verträumt)* Florida, Bahamas, Malediven, Honolulu, …*(eigener Ort)*! – Gret, hast du eigentlich gewusst, dass es unheimlich viele Männer gibt, die überhaupt nicht heiraten wollen?

Gret: *(tut sehr erstaunt)* Nein, aber woher weißt du denn das?

Amei: Ei, ich hab sie alle gefragt!

Gret: Apropos! Ich habe da so allerhand von dir gehört.

Amei: Ach! Was denn?

Gret: Von wegen deinem bewegten Liebesleben und so.

Amei: Ach, ich bitte dich, das ist doch nichts Besonderes! Von wegen bewegt. Ich wünschte, da wäre etwas Bewegung.

Gret: Ja, aber genau das habe ich gehört! Das mit der Bewegung und so.

Amei: Wie kannst du sowas glauben? Also, du bist doch vielleicht beschränkt, meine Liebe! Du bist der größte Blödmensch hier im Saal!

Gret: Wie kannst du das denn behaupten? Du kennst doch die Leute hier gar nicht alle!

Amei: Mensch, du bist aber wirklich dämlich!

Gret: Was? Ich und dämlich? Gerade neulich hab ich sogar noch eine Enzyklopädie gekriegt!

Amei: Ja, wieso denn? Hattest du dich denn nicht dagegen impfen lassen?

Gret: Du, gestern ist mir doch vielleicht ein Ding passiert! Kommt doch Meyers Tochter zu mir und will von mir 500 Mark pumpen!

Amei: Was? 500 Mark wollt die bei dir pumpen? Was hast du denn zu ihr gesagt?

Gret: Ich hab gesagt, sie soll sich gefälligst 'ne Dümmere suchen!

Amei: Hach! Das war gut! – Und was hat sie da gemeint?

Gret: Sie würde es heute bei dir probieren!

Amei: Jetzt reichts mir aber, Gret! Kannst du mir einen Satz mit „Wannsee" sagen?

Gret: Kenn ich: Wannsee – Wann seh ich dich wieder?!

Amei: Komisch, komisch! Kann ich da nur sagen!

Gret: Wie bitte?

Amei: Ja! Komm ich heut nicht, komm ich morgen!

Gret: Ja, wenn das so ist, dann Tschüs!

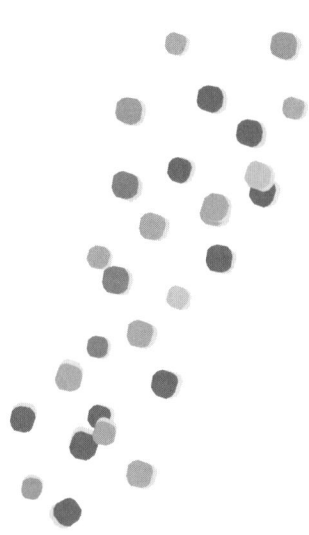

Kättchen trifft Eulalia

Die Kleidung kann ruhig etwas kurios sein. Kättchen trägt Autofahrerhandschuhe. Die zwei versuchen sich ständig zu übertrumpfen.

Eulalia: Kätt, bin ich froh, dich wiederzusehen!

Kättchen: Ich hatt dich auch vermisst! Aber wieso bist du denn schon aus der Kur zurück?

Eulalia: Oh, ich hatt die Kur müssen abbrechen.

Kättchen: Wieso denn das?

Eulalia: Ich hatt meinen Badeanzug verkehrt getragen!

Kättchen: Wie hast du ihn denn getragen?

Eulalia: Ei so! – In der Hand! *(führt es vor)* – Aber sag mal, Kätt, was hast du denn für komische Handschuhe an?

Kättchen: Tja! So was hast du net! Das sind Autofahrerhandschuhe! Ich mach nämlich zur Zeit den Führerschein!

Eulalia: Ja, du alt Angebersch! Noch kein Führerschein, und zieht schon Autofahrerhandschuh an.

Kättchen: Sei du doch ganz still! Du hast ja auch Federn an deinem Hut, hast du denn schon mal ein Ei gelegt?

Eulalia: Wie lange brauchst du denn noch?

Kättchen:	Oh! Mein Fahrlehrer meint, noch ungefähr drei!
Eulalia:	So – nur noch drei Fahrstunden?
Kättchen:	Nein, drei Autos! – Sag, Eulalia, dein Alter war aber am Sonntag ganz schön knülle. Säuft der immer so viel?
Eulalia:	Jetzt nicht mehr. Ich hab ihn kuriert!
Kättchen:	Wie hast du das denn fertig gebracht?
Eulalia:	Vorgestern hatt der statt der Flasch' Cognac die Flasch mit meiner Möbelpolitur erwischt, hat die angesetzt und leer gesoffen.
Kättchen:	Oh Gott, und was ist passiert?
Eulalia:	Ich musst den Doktor rufen, und jetzt darf meiner nur noch mit Nährklistieren ernährt werden!
Kättchen:	Mit Nährklistieren? – Wie geht das denn?
Eulalia:	Oh, das geht ganz gut, Kättchen. Die Suppe krieg ich ihm ja prima rein. Aber gestern hatt' ich Leberknödel gekocht – was meinst du, was das 'ne Arbeit war, bis ich ihm die drin hatt!
Kättchen:	Also weißt du, mir ist es ja schon seit längerem auch nicht gut. Ich kann nachts nicht schlafen. Wenn ich mich auf die linke Seite leg, dann tut mir mein Herz weh, und wenn ich mich auf die rechte Seite leg, dann drückt mich die Leber!
Eulalia:	Ei, dann leg dich doch auf den Rücken!

Kättchen: Das geht nicht, dann kommt mein Alter!

Eulalia: Ja, dann musst du dich auf den Bauch legen!

Kättchen: Da sieht man's, du kennst meinen Alten nicht! – Was ich dich schon immer fragen wollte: Wie kommst du eigentlich mit eurem Geld zurecht?

Eulalia: Och, eigentlich ganz gut. Ich lass jetzt die Miete und all den Kram, den man so hat, von der Bank überweisen!

Kättchen: Da hast du mal gut recht, denn die Bank hat ja mehr Geld wie unsereiner!

Eulalia: Du, Kättchen, wir haben uns was Neues gekauft!

Kättchen: So, was denn?

Eulalia: Was ganz Tolles. Einen Ausziehtisch!

Kättchen: Also, mir wär der zu hart – ich zieh mich lieber auf der Bettkante aus! – Aber du, ich müsst mir auch was Neues kaufen, was Intimes!

Eulalia: Was?

Kättchen: Ja, ich brauche dringend einen tollen neuen BH, aber ich weiß nicht, was für ein Modell ich nehmen soll.

Eulalia: Da kann ich dir einen guten Rat geben, kauf dir einen christlichen BH!

Kättchen: Einen christlichen Büstenhalter? Was kann daran denn christlich sein?

Eulalia: Ja sicher, der ist für dich ideal: Wenn du hinten 3 Kramp aufmachst, dann fallen vorne zwei vor dir auf die Knie.

Kättchen: Sag mal, Eulalia, wie gefällt es denn eurer Kleinsten in der Schule?

Eulalia: Oh, die ist ganz begeistert. Und die lernen ja so viel! Erst gestern hatten sie männliche Prostituierte gemalt!

Kättchen: Eulalia, das gibt es doch nicht!

Eulalia: Doch! Strichmännchen haben sie gemalt!

Kättchen: Hast du schon gehört, die Frau Kässchmitt trägt ja Trauer! Ihr Mann ist gestorben.

Eulalia: Das tut mir aber Leid, wo die zwei sich immer sooo gut verstanden haben!

Kättchen: Eulalia, ich glaub, die Frau übertreibt die Trauer ein bisschen. Die hat doch tatsächlich ihren Farbfernseher verkauft und guckt nur noch schwarz-weiß!

Eulalia: Ja und? Ich hatte doch auch um meinen ersten Mann ein ganzes Jahr getrauert. Genau vom 17. Juni bis zum 17. August im darauf folgenden Jahr!

Kättchen: Aber das sind doch 14 Monate, Eulalia!

Eulalia: Das stimmt. Ich hatte an Fastnacht dafür zwei Monate ausgesetzt!

Kättchen: Sag, du warst doch schon mal in Köln.

Eulalia: Ja, zuletzt noch vor vier Wochen. Warum?

Kättchen: Dann kannst du mir doch bestimmt sagen, ob die Tauben auf dem Domplatz katholisch oder evangelisch sind?

Eulalia: Das weiß ich nicht. Aber du, die sind bestimmt in einer Partei, denn wenn die unten sind, dann fressen sie einem aus der Hand, und kaum sind sie oben, dann besch ... sie die Leute! – Jesses, Kättchen, jetzt hätt ich beinahe was vergessen. Am Sonntag sollt ihr doch unbedingt zu uns auf Besuch kommen.

Kättchen: Tut mir leid, das geht nicht. Mir können nicht kommen. Mir müssen dann in die St. Josefskirch, in die Peterskirch und in die evangelisch Kirch.

Eulalia: Mein Gott, was ist denn los? Wieso müsst ihr denn in sämtliche Kirchen?

Kättchen: Mir han doch zwei Karten für „Figaros Hochzeit" zugeschickt kriegt, nur mir wissen net, in welcher verdammten Kirch die ist! – DA–JE!

Zwei flotte Käferchen

Lola und Rosi tragen recht auffallende, freizügige Kleidung – großer Ausschnitt, kurze Röcke, hohe Schuhe usw. Die Haare machen richtig was her. Lola könnte beim Sprechen lispeln, das bringt Farbe in den Vortrag.

Lola: Sag, Rosi, weißt du überhaupt, wo es zur Kirche geht?

Rosi: Ja, immer geradeaus!

Lola: So ein Pech auch. Will ich endlich mal hingehen, ist sie gerade aus! – Sag, warst du denn tatsächlich schon mal in der Kirche?

Rosi: Natürlich war ich schon mal in der Kirche.

Lola: So? Und worüber hat der Pfarrer gesprochen?

Rosi: Über die Sünde!

Lola: Und was hat er dazu gesagt?

Rosi: Er ist dagegen!

Lola: Du, stell dir vor, der Frank hat mir doch tatsächlich aus Paris einen Chinchilla mitgebracht.

Rosi: Ach, das kriegt man heutzutage doch mit Penicillin leicht weg!

Lola: Du hast ja noch gar nichts von deiner Schiffsreise erzählt. Wie war es denn?

Rosi: Erinnere mich nicht daran. Was hatte ich einen Ärger mit dem Kapitän!

Lola: Wieso?

Rosi: Ja, denk dir, dieser kleine dicke Kerl sagte doch gleich am ersten Abend zu mir, wenn ich nicht in seine Kabine käme, würde er das ganze Schiff absaufen lassen.

Lola: Und was hast du da gemacht?

Rosi: Ich habe 1250 Menschen das Leben gerettet!

Lola: Da hattest du ja wenigstens die ganze Zeit Gesellschaft. Ich dagegen bin zur Zeit sehr einsam.

Rosi: Das versteh ich nicht. Du hast doch einen Verlobten und einen Freier!

Lola: Das ist es ja. Einer verlässt sich auf den anderen.

Rosi: Du, siehst du den dicken Industrieboss da hinten? Mit dem möchte ich nicht verheiratet sein.

Lola: Also, als Mann käme er für mich auch nicht in Frage. Von dem möchte ich höchstens reich und glücklich geschieden sein.

Rosi: Weißt du eigentlich, was manche Männer mit billigen Zigarren gemeinsam haben? – Sie sind schief gewickelt!

Lola: Weißt du, wie lange ein Mann es kann und gerne machen will? – 50 Jahre! Fünf Jahre lernt er, 20 Jahre übt er 's aus und 25 Jahre erzählt er Märchen davon.

Rosi: Wie war übrigens die Party bei Peter?

Lola: Ach, schrecklich langweilig! Ich hatte beim Heimgehen noch dasselbe Rot an den Lippen, mit dem ich gekommen bin.

Rosi: Da wärst du besser mit auf die Gartenparty bei Piepenbrinks gekommen. Du, das war ganz toll! Ich war so besäuselt, dass ich hinterher Schwierigkeiten hatte, ins Bett zu kommen.

Lola: Wie das denn?

Rosi: Wenn ich ins Bett wollte, ließ Herr Piepenbrink mich zwar rein, aber sein Olle warf mich immer wieder raus.

Lola: Ich habe gehört, ihr hättet so tolle verrückte neue Tänze auf der Gartenparty getanzt. Woher hattet ihr die denn?

Rosi: Von wegen Tänze! Irgend so ein Dussel hatte einen Bienenkorb umgeworfen. – Sage mal, was ist eigentlich ein Perpetuum mobile?

Lola: Das ist ein Ding, das niemals steht und immer läuft.

Rosi: Ach so! So was hat mein Paule auch!

Lola: Sag, liebst du eigentlich deinen Paule?

Rosi: Ja doch, sehr! Aber nur platonisch.

Lola: Was ist denn das?

Rosi: Das ist, wenn man kein Geld dafür nimmt.

Lola: Hast du schon gehört, Gabi hat Drillinge bekommen.

Rosi: Nein, ist das wahr?

Lola: Ja, Rosi, ganz bestimmt. Und denk dir, ich hab in der Zeitung gelesen, dass das nur einmal unter 265 400 Malen passiert.

Rosi: Ach du lieber Himmel! Wie hat Gabi das nur alles neben Abwasch, Kochen und Saubermachen schaffen können?

Lola: Vielleicht hat ihr ja der Stubentiger geholfen.

Rosi: Bist du eigentlich tierlieb?

Lola: Oh ja, sehr. Besonders liebe ich Austern und Hummer!

Rosi: Ah, da fällt mir ein, ich muss gleich weg. Stell dir vor, ich gehe zu einem amerikanischen Multimillionär zum Essen.

Lola: Hört sich nicht schlecht an. Wie heißt denn der Typ?

Rosi: McDonald's.

Wolle mer se reilasse?

Hrsg. D. Kunschmann,
80 S., kartoniert
ISBN: 3-635-60675-8
DM 9,90

Hrsg. D. Kunschmann,
80 S., kartoniert
ISBN: 3-635-60676-6
DM 9,90

Hrsg. D. Kunschmann,
80 S., kartoniert
ISBN: 3-635-60677-4
DM 9,90

Hrsg. D. Kunschmann,
80 S., kartoniert
ISBN: 3-635-60678-2
DM 9,90

Hrsg. D. Kunschmann,
80 S., kartoniert
ISBN: 3-635-60679-0
DM 9,90

Hrsg. D. Kunschmann,
80 S., kartoniert
ISBN: 3-635-60680-4
DM 9,90

FALKEN
Wissen wie.